北ビルマ、いのちの根をたずねて

吉田敏浩
Yoshida Toshihiro

精霊信仰の結婚式の儀式をおこなうカチン人花嫁

めこん

カチンの山村の墓は朽ち果て森におおわれてゆく

焼畑の稲刈りをするパオ人の村の青年

カチン州をめざして行軍するゲリラ部隊

フーコンの森で政府軍との戦闘直後のカチン人ゲリラ兵士

精霊への生贄の水牛を前に、儀式の言葉を唱えるカチン人の祭司

祭りで精霊に供える生贄の牛を槍で突くカチン人の村人

カチンの精霊信仰のシャーマンであるワ・ダンさん

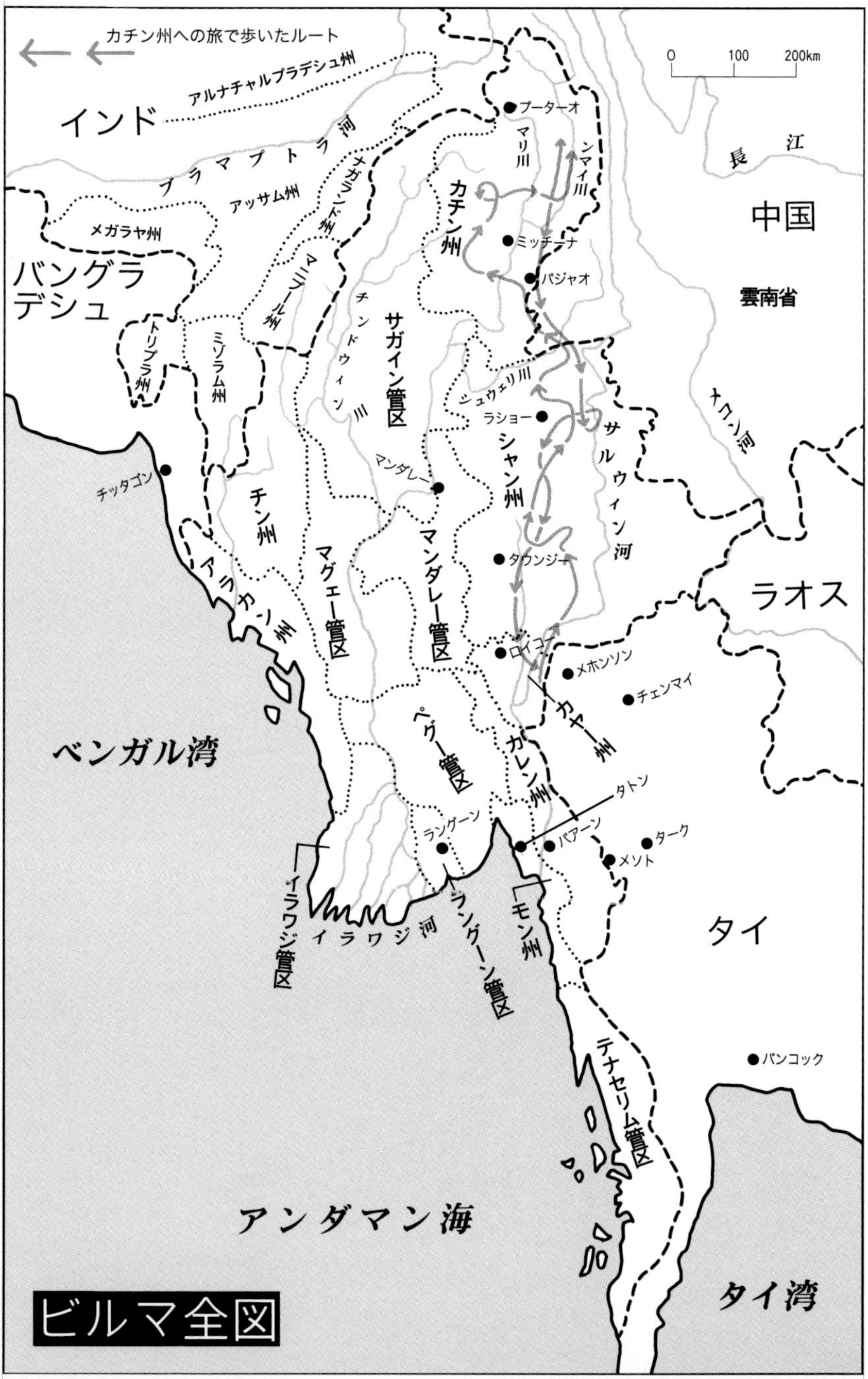

カチン州への旅で歩いたルート
アルナチャルプラデシュ州
インド
ブラマプトラ河
アッサム州
メガラヤ州
ナガランド州
マニプール州
バングラデシュ
トリプラ州
ミゾラム州
チンドウィン川
サガイン管区
カチン州
プーターオ
マリ川
ンマイ川
ミッチーナ
パジャオ
長江
中国
雲南省
0
100
200km
シュウェリ川
ラショー
シャン州
サルウィン河
メコン河
チッタゴン
マンダレー
チン州
マグェー管区
マンダレー管区
タウンジー
ラオス
アラカン州
ロイコー
メホンソン
チェンマイ
カヤー州
ベンガル湾
ペグー管区
カレン州
タトン
ラングーン
パアーン
ターク
メソト
イラワジ管区
イラワジ河
ラングーン管区
モン州
タイ
バンコック
テナセリム管区
アンダマン海
タイ湾
ビルマ全図

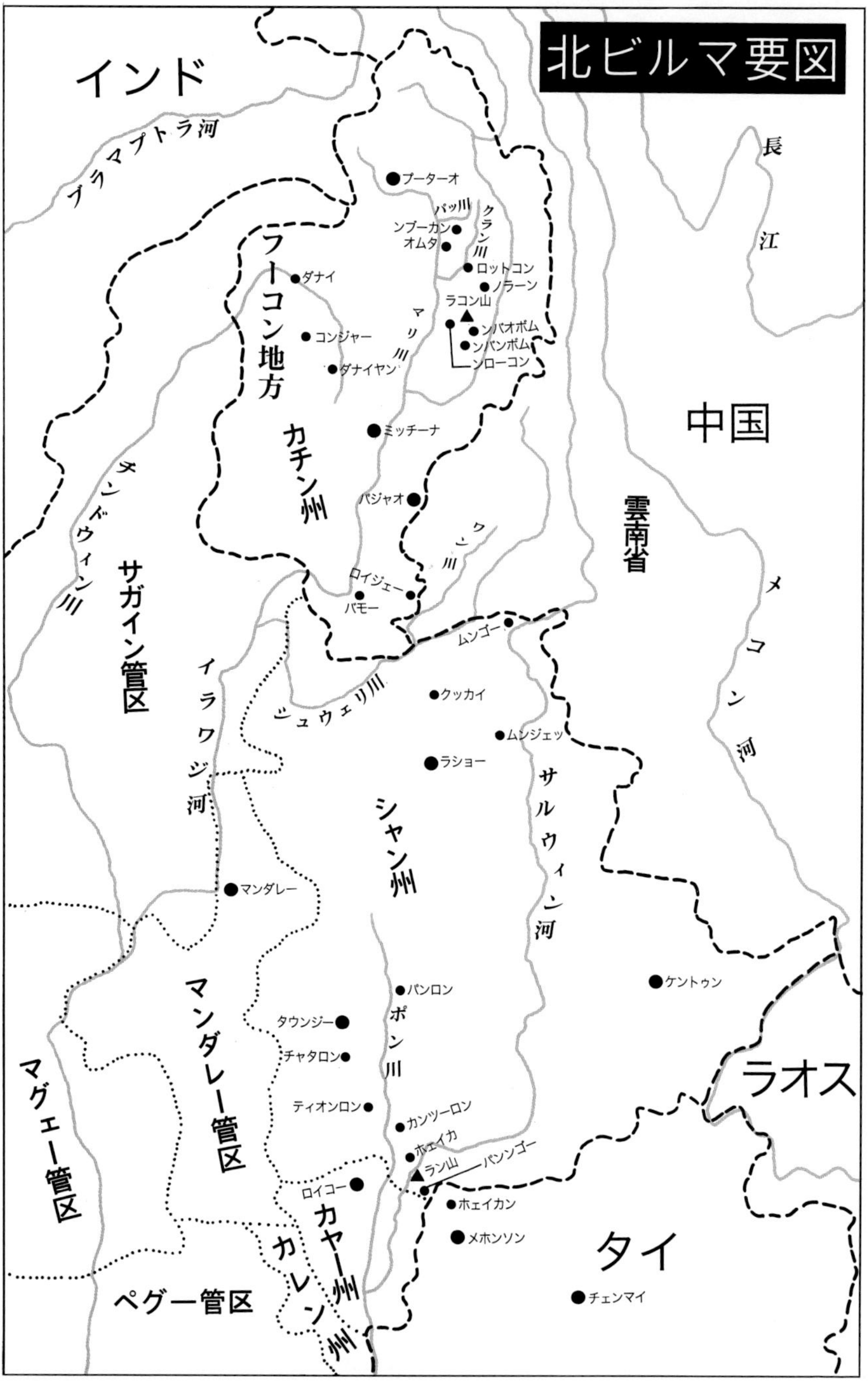
北ビルマ要図
インド
ブラマプトラ河
長江
プーターオ
パッ川
クラン川
ンブーカン
オムタ
ロットコン
ノラーン
ラコン山
ンバオボム
ンバンボム
ンローコン
フーコン地方
ダナイ
コンジャー
マリ川
ダナイヤン
ミッチーナ
中国
カチン州
パジャオ
チンドウィン川
雲南省
クン川
ロイジェー
バモー
サガイン管区
ムンゴー
メコン河
イラワジ河
シュウェリ川
クッカイ
ムンジェッ
ラショー
サルウィン河
シャン州
マンダレー
ケントゥン
パンロン
マンダレー管区
タウンジー
ポン川
チャタロン
ラオス
マグェー管区
ティオンロン
カンツーロン
ホェイカ
ラン山
パンンゴー
ロイコー
ホェイカン
カヤー州
メホンソン
タイ
カレン州
ペグー管区
チェンマイ

北ビルマでの幾度もの旅で出会ったすべての人たちに捧ぐ

目次

写真・吉田敏浩

迎え火

　盆、という時が小さなころから好きだった。毎年八月の一三日から三日間、先祖の霊を迎えて供養するこの年中行事が、子ども心にもなぜかしみじみとしたもの、またなつかしさにも似たものを感じさせてくれたのだ。

　わたしの郷里は大分県の臼杵市といい、豊後水道に面して、一方を海に、三方を山にかこまれた小さな城下町で、八月一三日の夕方になると、どこの家でも家族でお墓参りにいった。寺の裏の小高い丘にある墓地。木々のあいだから海が見える。墓前につややかなサカキの葉とヒオウギの実とホオズキを供え、古びた灰色の墓石に水をかけて、手を合わせた。都会から里帰りした人たちも多くて、墓参の人影は絶えず、あたりには線香と草木のにおいが立ちこめた。

　家にもどると、玄関の前で母親が松の木切れを燃やした。炎がひっそりと揺れ、やがて宵闇が満ちるにつれて輝きを増す。何のために火を焚くのかとたずねると、母は、迎え火といって、お盆に先祖がこの火の明かりをたよりに帰ってくるのを迎えるためだ、と教えてくれた。そう聞くと、そのささやかな火の色は他のどんな火ともちがう特別な意味合いを秘めたものとして、わたしの眼《まなこ》に映るのだった。

しかし、いったい先祖とはどんな人たちなのだろうか。わたしが生まれるよりも前にすでに死んでいたお祖父さん、お祖母さんの顔はよく知らないし、もっと前の先祖といっても系図などなく、三、四代前から先は名前もわからなくなり、雲をつかむような話だ。けれども、じっと迎え火の火影を見つめていると、どこからか先祖という人たちが、姿は見えぬがかすかな足音とともに訪れてくるような気がしてならなかった。

座敷の仏壇の両脇には、鴨居から提灯が下げられた。手づくりの白いお迎え団子、ブドウやナシやバナナといった果物、微塵粉や黄粉に砂糖をまぜて果物の型にこねかため色づけした落雁《らくがん》という干菓子など、お供え物がローソクの明かりに映える。

ふだんはしんとした仄暗さをたたえている仏壇が、お盆のときはどこかはなやいだ雰囲気につつまれて見えるのが不思議だった。そうした雰囲気が、頬張ると口いっぱいに少し線香くさい甘さがひろがる落雁の味とも相まって、お盆に陰気くさい印象を与えなかったのだろう。

八月一四日には、お坊さんが来てお経をあげた。わたしも神妙な顔をして後ろにすわり、手を合わせた。そして一五日の夕暮れ、仏壇に見送り団子をお供えしたあと、玄関前で今度は送り火を焚いた。盆のあいだ、家に帰ってきていた先祖をここで見送るためだ。

それにしても、目に見えない先祖という人たちはいったいどこから帰ってきて、またどこへ立ち去ってゆくのだろうか。大人は、そこは極楽といい、浄土という、あるいは「根の国」ともいうと話してくれるが、どうもよくわからなかった。

ただ、迎え火と送り火のゆらめきと炎の色に、いま生きているわたしたちとかつて生きて死んでいった人たちとを結ぶひと筋の糸のようなものが感じられたから、迎え火と送り火が燃え尽きて最後の光が闇にとけこむまで、わたしはまるで魅入られたかのように目を離さなかった。


こうした盆の記憶が、後に訪ねた東南アジアの奥地でまざまざとよみがえり、迎え火と送り火の持つ意味をあらためて実感させられることがあった。

そこは北ビルマ（ミャンマー）のカチン州というところで、山々の連なりのそこかしこに焼畑をいとなむカチン人の集落があり、豊穣を祈る祭りや結婚式などに際して祖先の霊を祀《まつ》る儀礼が見られた。

現在、カチン人の八割以上がキリスト教に改宗（イギリス植民地時代に欧米の宣教師が布教したのが始まり）しているが、古くからの精霊信仰（アニミズム）も根強く残り、その信仰によれば、人の魂は死後、山の中にあるあの世つまり祖霊の地におもむき、そこでこの世と同じように村をつくり焼畑を開いて過ごしている先祖の一員になるという。

村で祭りや結婚式などがあると、人びとは先祖の霊を呼び招き、水牛や牛や豚のゆでた肉と蒸したモチ米とひとつまみの塩と赤米を醸《かも》した濁り酒を、広場に立てた竹の祭壇にお供えし、もてなす。里に帰ってきた先祖は子孫に幸をさずけ、祭礼が終わればまた山中の他界へと去ってゆく。人間の魂のゆくえについてこのように信じられていることの根底には、ここでは死者が葬られると文字どおり山の土に還るという事実が横たわっているように思える。

村で誰かが亡くなると、遺体は木をくりぬいた柩《ひつぎ》におさめられ、山の中の祖霊の地へ見送る葬儀がおこなわれたあと、焼かれることなくそのまま村はずれの林に埋葬される。その上に、竹と木の葉を用いた円錐形の墓が建てられる。

しかし、墓参りの習慣はない。霊魂は墓に宿るわけではなく、祖霊の地に向かうからだ。墓はやがて朽ち果て、草や木におおわれる。ここでは人の身体も魂も、森におおわれた山の自然のなかへとけこんでゆく。

こういったことを知り、先祖を祀る場にも参加してみて、わたしはカチンの人びとの死者を思う気持ち、先祖とのつながりを感じる心にふれることができた。かれらは、自分たちがいま生きてここにいるのは、かつて生きて死んでいった無数の人たちがいて、いのちのつながりがつづいてきたからだと考えている。祭りや結婚式や葬儀のあいだ、そこに死者と生者が交わる場が生まれ、また常日頃より同じような場が一人ひとりの胸の内にも息づいているのである。

そんな場の存在が、わたしにお盆のこと、迎え火と送り火のことを思い起こさせ、迎え火と送り火は死者たちと生者たちとの結びつきのいわば証《あか》しなのだということを、あるやすらぎにも近い感情とともに得心させてくれたのだった。


死者と生者が交わる場といえば、わたし自身のなかにもある。

一九七七年に初めて訪ねて以来、八五年三月から八八年一〇月までの最も長い旅もふくめて、北ビルマの各地を七度にわたり旅して、さまざまな民族の人びとと出会った。しかし、そのうち少なからぬ人たちがすでに世を去っている。マラリアなどの重い病におかされて亡くなった場合もあるが、かなりの人が銃弾や砲弾の破片を身に受けたり、地雷を踏んだりして、いのちを落としている。

四〇以上の民族が住む多民族国家ビルマでは、一九四八年の独立以来、多数派のビルマ人中心の政府と、自治権をもとめて闘うカレン、カチン、シャンなど少数派の諸民族のゲリラ組織とのあいだで、戦火が交えられてきた。

その内戦の渦中で、ある者はゲリラ兵士として戦死し、ある者は組織内の争いに巻きこまれて処刑された。生死不明の行方知れずになった者もいる。また、ゲリラと住民を一体と見なす政府軍部隊によって虐殺された村人もいる。

北ビルマのことを思うとき、このような死者たちの面影が心に浮かんでくる。かれらが見せた表情や仕ぐさやたたずまい、口にした言葉と声の響きなどが、次々とあらわれては消え、消えてはあらわれる。

たとえば、空の中心から五体を刺しつらぬく光と熱が降る乾季の日盛りの行軍中に、山坂をよろめきながら歩むわたしの前で立ちどまり、「ウォーター」と片言の英単語を言って、ぬるくなった水筒の水をくれた若い兵士の、ひかえめな笑顔と、何か物問いたげな目の色と、水筒を差しだしたときのさりげない手つき。彼はそれから数年後、政府軍との戦闘中に消息不明になったという。おそらく、どこかの森かげで倒れ、土に還っていったにちがいない。

あるいは、雨季の晴れ間の蒸し暑い午後、稲穂が出そろいはじめた焼畑で地面にしゃがみ、稲に魂が宿り無事に実りがもたらされるよう、さらにその魂を見守ってくれるよう、森の精霊と大地の精霊と祖霊に祈願する祝詞《のりと》を一心に唱える村の男の、汗に光るひたいの深いしわと、言葉に魂を吹きこもうとする張りのある声と、儀礼がすんだあとの放心したような眼差し。この人もまた幾年かのちに、マラリアの熱病をわずらい、家で妻と子どもに看取られながら息をひきとったと聞く。

追想のなかで、こうした人たちの立ちいふるまいはいずれもごく自然であるが、考えてみればそのはずだ。わたしは、一人ひとりの死について後で知らされただけだし、当人が健在なときに会い、そして別れたままなので、かれらの死を実感できないのである。亡くなったと聞かされても、信じられないのだ。もうこの地上のどこにも、あの人たちはいないということが、信じられない……。

しかし、北ビルマの地を最後に訪れてから一〇年あまりが過ぎてしまったから、出会った人びとのうち、鬼籍に入った人数はもっと増えているだろう。

そうすると、過去のわたし自身の姿もそこに登場してくる追想や空想や夢のなかでは、死者と生者が、生者と死者がいっしょに歩み、肩をならべ、膝を接し、語らい、共に食し、ひとつ屋根の下で眠り、といった行為をくりかえしていることになる。つまり、死者と生者が交わる場がいつのまにかわたしの胸の内にも生まれていたのである。

だから、北ビルマで出会った人びとについての記憶を呼び起こすとき、わたしは心に迎え火を灯すような気持ちになるのをおさえることができない。

天地《あめつち》始めの男と女

旅先でたった一度だけ、しかもつかのま会っただけなのに、なぜか忘れられない男たち女たちがいる。出会った時と場が、わたしにとって常ならぬものだったからなのか、かれらの姿と横顔とたたずまいが、記憶の森から消え去ることがない。時おり、木もれ日の斜光に下草の花々が映えるように、いくつかの影や像がありありとよみがえってくる。

国境の砲声

いまから一二年あまり前、一九八七年の五月が終わろうとするころ、北ビルマの青天には白い日が燃えさかり、山野は熱と光の波におおわれていた。乾季末の炎暑が最後の尾のひと振りを、空の深みから放っているかのようだった。漂う雲も、その内側から輝きを発しているみたいにまばゆかった。

当時、わたしはカチン州と中国雲南省の国境地帯の山地にいた。ビルマ政府の軍事力による中央集権支配に抵抗して自治権をもとめる、カチン独立機構（ＫＩＯ）の総司令部に滞在していたのである。

タイ北部から国境を越え、シャン州をゲリラ部隊とともに歩いて北上しながらたどり着いたカチン州には、すでに一年半以上いて、カチン語もおぼえ、焼畑をいとなむ人びとの暮らしにもなじんでいた。日本を出てからは二年半が過ぎていた。

この年、五月下旬に入って、ビルマ政府軍が突如、カチン独立機構への大攻勢を開始した。ビルマで少数派にあたるカチン人の、民族運動の根拠地を壊滅させようと、数千名の部隊を投入し国境地帯に攻め寄せてきたのだ。

五月二九日、総司令部のあるパジャオで、カチン独立軍(KIA)ゲリラと政府軍のあいだに激しい戦闘がくりひろげられた。ゲリラの家族や周辺の村人たちは、総司令部のある尾根の北側を流れる谷川を渡って、中国領に避難した。身の回り品と当座の米や塩などを竹かごに詰めただけの、何百人かの一団にまじって、わたしも国境を越えた。

両軍は谷をはさんだ斜面と尾根に布陣していた。攻防の戦端は、朝の空気を裂く七五ミリ無反動砲の砲声と、山間にこだまする重機関銃の掃射音によって開かれた。

太陽が熱気を渦巻かせながら中天をめざすにつれて、戦場に鉄と火薬の暴威がたぎり立つ。迫撃砲弾の炸裂する轟きが地をふるわせる。軽機関銃の猛り狂う連射の叫びと、自動小銃の狙いすました単発音が交錯する。乾ききった大地の上に硝煙と陽炎が漂う。風景が銃砲声の響きのなかで、傾き、揺れ落ちていくかのようだ。

村人もゲリラの家族も、中国領の山腹の草地から、国境の向こうの戦いを見つめた。放心や怒りや焦りや憂いがないまぜになった表情と眼差しをしていた。誰もがひたいと首筋に汗を浮かべ、言葉少なだった。時どき、中国領内にビルマ政府軍の迫撃砲弾が落ちて、耳をつんざいた。そのたびに、着の身着のままで地面にすわりこんだ女たちが、おびえて肩を寄せ合った。

水銀色に灼けた日が空の真ん中を回ったころ、ゲリラは国境線が中国側にコの字形に入りこんでいる東の方へ、尾根づたいに退却しはじめた。木と竹でつくられた兵舎が燃えあがる。近くのガット・ヤン村からも煙が立ちのぼっている。難民となった人びとは、自分たちの家が焼け落ちるのをどんな思いで見ているのだろうか。

銃声がしだいにやんでゆき、総司令部はついに陥落した。やがて、政府軍兵らしき人影が稜線に小さくあらわれた。

国境のこちら側で、難民もわたしも無力な存在だった。草むらにまぶしい陽光が跳ね、蝶や蜂が名も知らぬ野の花から花へと舞っている。茫然とたたずむわたしたちの頬を熱風がかすめ、木々の梢をざわめかせていった。

難民と焼畑

難民となった人たちは途方にくれたまま、日が傾くまでどこにも動こうとしなかった。しかし、目の前にある未知の現実に分け入ってゆくしかさしあたりの目処はなく、野宿の場所をもとめて、山腹をさらに上った林に移動した。

わたしはこのとき、カチン州北部でわずらったマラリアの病みあがりでもあり、総司令部で体力を回復させて、シャン州へ、タイへと南下する帰途につこうと考えていたところだった。だが、ゲリラ側の根拠地に侵攻した政府軍が要所要所を押さえたため、シャン州へのルートはとざされてしまった。

したがって、カチン独立機構が態勢を立てなおすまで、中国領を抜けてどこか戦火のおよばないカチン州内にもどり、山の中で待機するしかないだろう。

けれど、いつになれば出発できるのか、まったく見当もつかない。第一、根拠地を失ってゲリラ組織は態勢を立てなおせるのか。このまま散りぢりになってしまわないだろうか。もしそうなったら、自分はいったいどうすればいいのか……。胸の内を砂がくずれ落ちていくような脱力感と不安をかかえながら、難民や越境してきたゲリラの一隊とともに、重い足どりで土埃の舞う山道をたどった。

やがて、山ひだにまぎれこむような小さな焼畑に出た。誰が開いたものなのだろう。作物の芽は見当たらないが、種まきはすませているはずだ。ビルマ側でも中国側でも、むかしから焼畑のやり方は変わらない。

村人は乾季の二月ころに山林の一角を伐り開き、四月ころに焼いて、五月下旬までに種まきをする。六月から雨季に入ると、陸稲、アワ、トウモロコシ、ウリ、カボチャ、ダイズ、サトイモなどいろんな作物が育つ。根気よく草取りをして、一〇月末の雨季明けとともに稲刈りをする。

焼畑は一年ごとに場所を移して開き、一二年ほどたって元のところにもどってくる。そのころには、樹林も地力も回復している。焼畑は自然の循環に寄り添った自給自足の農法なのである。

カチン州の村でも、政府軍の大攻勢が始まる前に種まきを終えていたから、難民たちは今年も糧《かて》をもたらしてくれるはずの焼畑を、泣く泣く置き去りにしなければならなかったわけだ。

たとえ国境線が引かれていても、同じ天地がつながっていて、同じ雨季と乾季の周期のなかに自然も生産も人の暮らしもある。その事実を、小さな焼畑はあらためて感じさせてくれる。

タイ・ビルマ国境を出発してから二年あまり行を共にしてきた、カチン独立軍の兵士で同年輩のモクー・ノー君は、わたしがひどく疲れているのを見かねて、ひとまず今夜は、焼畑の一角にある無人の出作り小屋に泊まろうと言った。畑の持ち主はもう家に帰ったにちがいないという。

小屋は、竹の柱と茅《かや》を束ねてならべた壁と茅ぶき屋根の簡単なつくりだった。やっと三人ほど寝られるくらいの狭さで、床はなく、土間に茅をしいてあるだけだ。

それでも、峰を巻いてくる風とともに夕暮れが迫る外から中に入ると、何かにつつまれたようなおちつきを感じる。日向くささが残る茅の葉に身を横たえた。

二人のいる時と場

しばらくうとうとしていたら、足音がして、人影が二つ、戸口から入ってきた。わたしとモクー・ノー君はあわてて起きあがった。向こうも、小屋の中に人がいたことに驚いたらしく、突っ立ったままだ。

どちらかといえば小柄な男と女だった。薄暗くなりかけていて顔ははっきり見えないが、年の頃は三十代半ばだろうか。独特のゆったりした麻と木綿の民族衣装をまとい、黒っぽいターバンを頭に巻いているので、リスー人だろう。

モクー・ノー君がカチン語で、「ちょっと休ませてもらってたところなんですよ」と話しかけると、二人は少し顔を見合せてから、ためらいがちにわたしたちの横に腰を下ろした。

男性の方がぽつりぽつりと語るところによれば、かれらはやはりこの焼畑の持ち主だった。今日は銃砲声が響きつづけたので、とても恐ろしくて不安だったらしい。戦火が国境のこちら側にまでおよぶのではないかと心配で、とりあえず林の中にひそんでいたそうだ。夕方になって家に帰ろうとしたが、今夜のところは目立たない焼畑の小屋に泊まって様子を見た方がいい、と考えたのだという。

「今日は、天地が割れて裂けてしまうんじゃないかと思いましたよ……。戦《いくさ》の方はまだつづくんでしょうか」

彼はうつむきかげんのまま、ひとり言めいた問いをもらした。だが、わたしたちも同じ思いを抱いている以上、答えるすべがなかった。小屋の中はもう闇にひたされつつある。

このあたりは中国雲南省の西の端で、徳宏傣族景頗族自治州に属している。町には漢族も住んでいるが、村落部は傣族（シャン人と同じタイ系民族）や景頗族（カチン人）や傈僳族（リスー人）など、いわゆる少数民族の世界である。

かれらは、言語、文化、生活などあらゆる面で、ビルマ領に住む同族と共通したものを持っている。もっともそれは当然で、同じ民族として暮らしていた土地に、後から国家どうしが国境線を引いたために、別れわかれにされてしまったのだ。

国がちがえば、異なる政治・社会情勢のなかにおかれて、その時どきの歴史の波をくぐらざるをえない。たとえば、ビルマでは民族問題による内戦の戦禍、中国では文化大革命の混乱による宗教や伝統文化への迫害、などである。

いま、その現実がこの国境地帯においてもくっきりとあらわれている。ビルマ側からは、難民たちが家も焼畑も残したまま戦火に追い立てられたが、中国側では、国境の向こうの戦争に不安をかき立てられながらも、焼畑をいとなむ村人の生活のリズムは断ち切られていない。目には見えない国境線の存在によって、かくも人びとの命運は変わってくるものなのか……。

夫婦であるらしい二人は、じっと寄り添って膝をかかえている。わたしはふと、かれらに羨望のようなものを感じた。

難民もゲリラもわたしも、すべてが不確かな非日常に投げこまれ、先の見通しも立たない境遇である。一方、二人はささやかな焼畑とともに日々生きてゆく、確かな時と場に身をおいている。いま中国側では、戦乱に翻弄され、生存を脅かされることもない。

わたしがふだん見過ごしがちな平凡な日常の価値を、かれらはさりげなく体現しているのだ。二人を見ていると、戦争によって暮らしの場から根こそぎにされた難民たちの、失ったものの大きさにあらためて気づかされる。

モクー・ノー君が懐中電灯をつけて茅の上に置いたので、小屋の中が仄明るくなった。わたしたちもリスー人の男女も黙ったままだ。

赤いビーズ珠の首飾りをいくつも巻いた女性は、ずっと伏目がちだが、時おり何か言いたげな視線を夫であろう男性の横顔に向ける。ひたいに陽と風に彫られたようなしわのある男の方も、小さくうなずいたりしている。闖入者《ちんにゅうしゃ》であるわたしたちは、そろそろ立ち去るべきだと感じた。

できれば屋根の下で眠りたいが、ここは言ってみれば、二人の愛の巣でもあるのだ。

靴をはいて立ちあがろうとすると、二人ははっと顔をあげて、とまどいの表情を見せた。ひと呼吸おいて、男性が口を開いた。

「とても狭いけれど、いてもらってもかまわないんですよ。わたしらはこうしてますから」

「いえ、どっちにしろ林にいる仲間のところに行かなきゃいけないから。休ませてもらってありがたかったです」

モクー・ノー君が淡々とした口調で答える。カチン州北部の山村出身で、やはり焼畑とともに日々を生きてきた彼は、二人を見れば見るほど郷愁にかられるのかもしれなかった。

二人はすまなさそうな面持ちで腰を浮かした。おそらく、内心ほっとしているだろう。ただ、どこか物思いに沈んだような目をしているのはなぜだろうか。

外に出ると、夜気が首筋をなぜた。星がまたたく空の半ばを、雲がおおいつつある。ふりかえると、男女が戸口に立っている。その影が石像のように見えた。

禁じられた恋

中国領での最初の夜明け前に、雷雨が襲ってきた。稲妻が閃いて、雷の轟きが空と地を撃つ。森を疾風がゆるがし、大粒の雨がたたきつける。難民と兵士らは竹と灌木を切り、ビニールシートや野生バナナの葉を使って小屋掛けをする。

今年始めてのモンスーン（インド洋からの南西季節風）が吹いたのだ。焼畑にまかれた作物の種たちは喜び、中国側に住む村人はひと安心といったところだろう。しかし、難民にとっては無情の雨である。これから長い雨季をどうやって乗りこえてゆけばいいのか、思い惑っているはずだ。幼い子を持つ親はさぞかし心配だろう。

わたしはモクー・ノー君や数人の兵士と、沢から一段上の岩がおおいかぶさるように突き出た下の窪みに、雨を避けて野宿することにした。

雨天が何日もつづいた。樹木や草が息吹をつのらせ、焼畑には緑あざやかな作物の芽が萌え立った。

あれから、リスー人夫婦の姿を見かけることはなかったが、ある日、二人にまつわる噂を耳にした。中国領の村に米や野菜などを買い出しにいった難民が、小耳にはさんできたものらしかった。

二人はここから歩いて半日くらい離れた村の出身だが、わけあって、山の中に二人だけで暮らしているそうだ。というのも、かれらはいとこどうしで、リスー人の結婚のしきたりに反する間柄にもかかわらず恋仲になってしまい、何年か前にとうとう駆け落ちしたからである。

リスー社会では、男の方から見た場合、母方の氏族の女性（いとこであれば、母方の伯父・叔父の娘）とは結婚できるが、父方の氏族の女性（いとこであれば、父方の伯父・叔父・伯母・叔母の娘）や母方の伯母・叔母の嫁ぎ先の氏族の女性（いとこであれば、母方の伯母・叔母の娘）とは結婚できない。もしもこれに反する関係を結ぶと、子孫の血が濃くなりすぎるので人の道にもとる、と見なされる。父方の氏族の者とは親子や兄弟姉妹と同様の間柄になる、と考えられている。カチン人にも同じような習わしがある。

しかし、男女の愛がしきたりの枠におさまりきらぬのは世の常である。二人は禁じられた恋に落ちて、村落共同体にいられなくなった。いわば追放されるようにして、遠い山中に小さな家を建て、苦労しながら焼畑を開いたのだ。

仮にしきたりに従っていれば、焼畑や狩りや家の建て替えや病気の時など生活面での村人どうしの助け合いの輪のなかにいられるし、外敵から村全体で身を守り合うこともできる。誕生から死にいたるまで人生上の伝統儀礼や年中行事の祭りで、心と魂の平安や充足も得られる。

いわゆる「近代化」が浸透していない山地民族の社会では、しきたりに背いて村落共同体を離れた人たちがよその村に住み着くことは容易ではない。焼畑農民であるかれらが、都市に出て生業につくのはさらに難しく、またそれが自由にできる国内事情でもない。

だから結局、二人の行く先は山の中にしかなかったのだ。たとえそこが、人里離れた孤独感と、言い知れぬ恐れを抱かせる森の闇が待つ場所であったとしても。

そういえば、あのとき、二人は物思いに沈んだような目をしていた。たたずまいにどこか翳りが感じられた。それは、戦火に対する不安のせいなのかと思っていたが、背後にはこうした事情があったのである。

男と女の絆

わたしはかれらの姿を思い起こしながら考えた。

二人は村落共同体の掟にそむき、性にまつわる禁忌(タブー)をおかした寄る辺なき身である。もう帰るべき土地はない。共同体と一族・祖先とのつながりのなかに自らの根っこを感じる心情も失われただろう。

しかし、そのかわりに、身も心も賭けて生みだした二人の関係性という新しい「共同体」を得たのだ。男と女の情愛と性と魂の絆《きずな》・契《ちぎ》りという「共同体」に、新たに根を下ろしたのである。

そうして、二人は山の中に別天地を開いた。かれらが心中という死の道行きを選ばなかったのは幸いである。寄る辺なき身でも山刀と斧と作物の種がありさえすれば、なんとか焼畑を開いて生きてゆける森が二人を迎えてくれたのだ。

山の一軒家で、二人が情を交わし、契りを結ぶとき、その生のありようは人間社会のしきたりの枠を離れて、限りなく自然に近づくのではないか。草木虫魚鳥獣の生のいとなみともふれ合うところにまで回帰するのではなかろうか。

それを、しきたりにはずれた人の道にもとることだとは思わない。わたしはリスー人の結婚に関する伝統文化も尊重すると同時に、二人が選んだ男と女のありようにも共感をおぼえる。

二人はすでに、何々村の住人とか、何氏族であるとか、リスー人であるとか、まして中国国民だとかいう枠組みから抜け出て、ただの男と女・人間・生命という根源的なところ、原点にまで立ち返っているように思えるのだ。

かれらはそうやって、村や民族や国家などに背を向け、自然のなかで二人だけの「共同体」の時空を生きているのだろう。

ただ、男と女のつながりは絶対不変とはいえないから、その「共同体」も危うさや儚《はかな》さを秘めているにちがいない。

しかし、そうでありながらも、二人の「共同体」は、国家に代表されるような、人間が考えだしたあらゆる制度と充分に拮抗して息づいている、とわたしは思う。

もちろん、たとえばビルマでのように、戦争によって男と女のつながりやいのちまでもが脅かされ、破壊される現実がこの世界にはある。

だが、男と女の絆というのは、つきつめればおのおのの胸中にしか存在しない以上、軍隊であれ国家であれ、結局は何者も奪うことはできない。

わたしはふたたびかれらに羨望のようなものをおぼえるとともに、感嘆の念を禁じえなかった。二人の選んだ生き方が、否応なくたどらざるをえなかった宿命的な道であるにせよ、かくも深々とした生の歩みをひと組の男と女が共にしてきたのだ。そのような歩みを、もし自分だったらできるだろうか……。

国境地帯は長雨にとざされた。六月半ばになって、白いシャクナゲの花が咲いた。わたしとモクー・ノー君はゲリラの一隊とともに山から山へ転々とし、六月下旬、まだ政府軍の攻勢がおよばないカチン州側の山地にもどった。

あちこちの焼畑で、今年もまた稲やアワのみずみずしい葉と茎が伸びようとしていた。

さらに森のふところへ

雨の降りしきる日々を、森で野営しながら送った。あのリスー人男女のことがなぜかしきりに思い出された。

その後、二人の姿を見かけることはなかったが、中国領内をひそかに抜けてカチン州にもどる途中、かれらが住んでいるという一軒家のそばを通りすぎたのだった。

雨上がりの夜、ぬかるむ山道に足をとられながら歩いていると、木立の闇にとけこんだ小さな高床式家屋の影が目に入った。寝静まっているのだろうか、物音ひとつせず、竹編み壁のすきまから灯火ももれていない。

しかし、どうも人の住んでいる気配が感じられなかった。雲間からこぼれる月明かりをたよりに目を凝らしたが、家のまわりに、切りかけの竹や竹ひご、薪の束、食器がわりにする野生バナナの葉、稲の籾がら、木臼と杵など、生活のにおいのするものが見当たらない。日々の暮らしの跡が希薄で、ひっそりとしすぎているのだ。

しばし立ちどまっただけだから、確かなことはわからないが、あの二人はどこか別のところにいるような気がしてならなかった。国境地帯はいまだ銃砲声が響きやまず、難民やゲリラも居場所をもとめて動き、常ならぬ空気が漂っている。そんな状況からかれらは身をひいて、どこかに目立たぬよう小屋を建て、焼畑の草取りにだけ通っているのかもしれなかった。

禁じられた恋のために、村落共同体を追われるようにして離れた二人は、国境の向こう側から突然あふれだした戦争という災厄を敏感にかぎとって、さらに森のふところへと引きこもったのではなかろうか。かれら自身と自然にまつわる物事以外には、すべて背を向けるようにして……。

ともあれ、二人はなんとしても、男と女の絆という「共同体」を守ってゆこうとするにちがいないと思われた。

それにしても、あのリス一人男女の結びつき、絆はどこから湧いてくるのだろう。民族の、村落共同体の掟よりも、禁断の愛をつらぬく道を選んだ以上、引き返すことはできず、二人のつながりにすべてを懸けるしかないのはわかる。

ただ、それがひと組の男と女の絆という次元によりどころを持つにとどまるものなのかどうか。もっと深いところにまで根ざしてはいないのだろうか。

あれこれ考えるうちに、ふと、ひらめくものがあった。自然のなかで二人だけの「別天地」に生きるがごときかれらの生のありようが、同時代の時間と空間に限られぬ、もっと神話的な色合いをおびているように感じられたのだ。

わたしは、カチン州北部山地の村で古老から聞いた、人類の始まりについての神話を思い起こした。

人類の祖先になった兄妹

それは、リスーの人びとに古くから伝わる、男と女の物語である。

『むかし、むかし、大むかし、はるかなむかし。ムー・ワ・ウサという神がいた。ウサはまず初めに魂の群れ、つまり精霊（神々といってもいい）をつくった。そして、そのなかから、ムー・ケ・パとムー・ケ・マの二者を選んでまじわらせ、太陽、月、星、天地、風、水、火、木、竹、草、いろんな動物や虫などを生ませた。

それから、ウサはカボチャ（あるいはトウガン）の種をひと粒与えて、東の方の焼畑にまくように言った。七日後、大きな実がなった。半分に割ると、片側に人間の男が二人、もう片方に女が二人入っていた。しかし、女のひとりはすでに死んでいた。男のひとりは緑の服を着て山へ逃げこみ、精霊となった。

さて、残された二人は双子の兄妹という間柄だったが、子孫をつくるためには結婚しなければならなくなった。そうしないと、人類は絶えてしまうからだ。

しかし、兄妹なので二人は迷った。そこで、天地におうかがいを立てることにした。兄は石臼の上半分を、妹は石臼の下半分を背負って、高い山に登った。やがて、深い谷をへだてた尾根と尾根に分かれ、かなりの高みに着くと、二人は遠く向かい合って叫んだ。

「天地エーッ、世界エーッ、わたしたち兄妹二人が結婚してもいいのでしょうかー？　もし、これから同時に投げ転がす石臼の上と下が、谷底でぴたりと重なり合ったなら、ゆるされるものと信じます」

二人は石臼を転がした。そして谷底に下りてみると、不思議なことに石臼は上下ぴたりと重なっていた。しかし、一度だけではわからないので、なおも高いところまで登ってゆき、ふたたび石臼を転がした。なんと驚くことに、谷底で石臼はまたもぴたりと重なっていたではないか。

ついに、兄妹が結婚するということは天意なのだとさとり、二人は山の頂《いただき》で結ばれた。やがて、子供たちが生まれ、孫たちが生まれ、そして、黄色い人、黒い人、赤い人の祖先たちへと枝分かれして、世界中にひろがっていった。リスーは山の上で生まれた黄色い人の子孫だから、いまも山地に住んでいる』

神話のなかの兄妹は人類の最初の祖先であり、初めて結婚ということをした人間、男と女である。『旧約聖書』に出てくるアダムとイブのようなものだ。

この神話には別のパターンもある。

『はるかなむかし、九日九夜吹き荒れた大嵐によって大洪水が起き、地上はすべて水におおわれたが、ひと組の兄妹だけが巨大な瓢箪に入って難をのがれた。水がひいたあと、山間に漂い着いた瓢箪《ひょうたん》から出てきたかれらは、大地をうずめる死者に驚いた。この地上に、自分たち以外、誰も生き残ってはいないのだろうか。

人類が滅びてしまうのをおそれた二人は、それぞれの妻と夫になるべき人間を探すべく、櫛《くし》を二つに割り、腕輪を二つに切って、北と南へ旅立った。

時が流れ、ある日、かれらは大地の真ん中で再会した。旅の苦労で二人の顔は変わり果てていたが、櫛と腕輪をとりだしてみると、それぞれぴたりと合わさった。たしかに兄と妹なのだった。

兄は妹に思いきって言った。

「ほかに誰も生き残っていなかった。互いの伴侶を見つけられないのなら、われわれ二人が夫婦になるしかない」と。

しかし、ほかでもない兄との結婚に妹は同意せず、天と地におうかがいを立ててみようと言い張った。

「もしも針の穴を射抜くことができたら、天地の神々も兄妹の結婚をおゆるしくださるでしょう」と。

兄は弓を射た。矢はなんとみごとに針の穴を射抜いた。天意ここにあらわれり。兄は妹に、

「きっと結婚はうまくゆき、人類は絶えることがないだろう」と言った。

しかし、妹はなおも承知しなかった。そこで、石臼の上下を転がして、再び天地におうかがいを立てることにした――』(参照＝『中国の神話』君島久子、筑摩書房、一九八三年)

ここから先は、初めに記した方の神話にある石臼転がしのくだりと同じで、最後に二人は結ばれ、子孫を残すのである。

ちなみに、大洪水に生き残った兄妹が人類の祖先となる神話は、西南中国から東南アジアにかけての山地に住む焼畑民のあいだに広く分布している。イ(彝族)、ヤオ(瑤族)、メオ(苗族)、カチンなどの諸民族が語り伝えているのだ。

また、日本の『古事記』の国生み神話に登場するイザナギとイザナミの神も兄妹であり、大洪

水と兄妹婚による人類起源神話との共通性が、研究者によって指摘されている。

男と女の聖なる契り

ともかく、神話のなかの兄妹は、天地が開けてまもないころの、あるいは古《いにしえ》の大洪水後の、広大な世界にただ二人だけでたたずんだ。ほかに人間は誰もいなかった。山上から、茫々とひろがる天と地をながめながら、二人の胸に去来したものは何であったろう。風に吹きちぎられるような孤独感か。深山《みやま》で行き暮れたような不安だろうか。それとも、ただただ透きとおった感情が二人をつつんでいたのか。やがて、その不思議なものの意味をさとったとき、兄と妹は石臼を背負って歩きはじめたのだろうか……。

わたしはこの兄妹を、「天地《あめつち》始めの男と女」と呼びたい。

するといつしか、神話のなかの兄妹、すなわち「天地始めの男と女」のイメージが、あのリスー人男女の面影に重なってくる。

リスー社会では、氏族が同じで結婚できない間柄のいとこどうしは、親しみをこめて兄妹と呼び合うが、あの二人はまさにその間柄だったらしいのだ。神話のなかの兄妹も禁忌をこえて結婚したが、かれらも同じようにしていっしょになった。

禁じられた愛の道を歩もうと思い定めるとき、二人の胸中にどんな葛藤が渦巻いたのだろう。心ひそかに、天地へゆるしを問いかけはしなかっただろうか。かれらはたぶん、人類の祖先になった兄妹の神話を知っていたはずだ。

なぜなら、この神話は祭りのときなど事あるごとに語られるからだ。たとえば結婚式のときにも、年長者たちが新郎の家の囲炉裏をかこみ、新郎新婦や集まった人たちを前にして、この神話を叙事詩のように節をつけて唱え合うという。酒杯が重ねられ、若い男女たちは三弦の蛇皮線を弾きながら夜ふけまで踊る。

人類の祖先になった兄妹の神話は、結婚という新しい人生の門出にふさわしいと考えられている。新たに夫婦の契りを結ぶ男女は、神話を通して結婚の発祥を知り、その意味を学ぶのである。古来、男と女が結ばれ、子供が生まれ、また次の世代の男と女が結ばれ……、というくりかえしによって、生命の流れはつながってきた。花婿も花嫁もそのつながりを受け継ぎ、次代の生命へとつないでゆく役割をになっている。

一人ひとりが、先祖や子孫とのつながりのなかに自らの生きる根っこを感じているリス一人の伝統社会では、生命の連続性が重んじられるのだ。もっとも、そのことを精神的な重圧として感じる男女もいることだろう。

ともあれ、神話に耳を傾けることで、新郎新婦は自分たちの結婚が、遙か「天地始めの男と女」の聖なる契りにまで根ざしていることを実感するのではなかろうか。

結婚式と祝福の神話

わたしはリスー人の結婚式を見る機会はなかったが、カチン人の伝統的な精霊信仰による結婚の祝いに参加したことがある。そのときも、大洪水に生き残って人類の祖先になった兄妹の神話が語られたのだった。

一九八六年の五月下旬、焼畑の種まきもほぼ終わろうとするころ、カチン州北部山地のノ・ラーン村で結婚式が開かれた。近隣の村々からの客も合わせて二〇〇人ほどが、山腹に一〇軒あまりの家がならぶ、小さな村の祭りにつどった。

まず、二五歳になる新郎の家の表で、森の精霊や新郎の氏族の祖霊を祀る儀礼がおこなわれた。竹を組んだ祭壇がいくつも建てられ、供え物がささげられる。生贄として屠《ほふ》られた牛や豚や鶏のゆでた肉、なめらかな草の葉につつんだ米の飯、塩、ショウガ、竹筒に入れた赤米の濁り酒などである。

祭壇の前で、ドゥムサーと呼ばれる男の祭司たちが、森の精霊や祖霊を祭りの場に呼び招き、その名と力を誉めたたえ、新郎新婦の幸せと子孫繁栄と豊作を祈願する祝詞をそらで唱える。乾季の陽射しが照りつけるなか、中年と初老の二人の祭司は目をとじ、ひたいと首筋に大粒の汗を浮かべ、朗々たる声をあげる。精霊に語りかける言葉の響きとリズムが、白昼の熱した空気にとけてゆく。

お昼には、生贄の牛と豚の肉を煮たおかずと飯と濁り酒が、参加者みんなにふるまわれる。家の内も外も、お祝い気分の人いきれでにぎわっている。

午後遅く、同じ村に住む二十歳の花嫁が、親戚の婦人と若い娘たちにともなわれて嫁ぎ先の家にやって来た。先頭の娘が、嫁入りの象徴であるアワの穂をつけた槍を持ってあげている。女たちの、色とりどりの幾何文様を織りこんだ、黒い腰巻き風スカートが風を受ける。花嫁は真っ白な丸首の中着に、黒藍染めの木綿の上着をまとっている。きらびやかな銀の飾りがまぶしい。黒髪の上には、紫と紺の格子模様のターバンを巻いている。

高床式の家にあがる前に、花嫁は家の表の地面に埋めこまれた葦のあいだをかき分けて通らなければならない。この儀式は、過去の恋愛沙汰や噂や嫉妬など、花嫁にまつわる災いのもとを葦の葉で清める意味を持ち、そもそもは神話のなかに由来がある。

人類の最初の祖先であり、大地をふさわしい姿に槌で打ちならした半神半人ともいうべき巨人、ニンゴン・ワ・マカム（すべての長男）が、聖なる竜の娘と結婚するとき、竜の娘が葦のあいだを通りぬける儀式をすることで鱗《うろこ》も落ち、人の姿に成りかわったという故事にのっとっているのだ。
さて、家の中に入った花嫁は祭司に連れられて、煮炊き用の囲炉裏のまわりを四回廻り、家の祖霊にあいさつをする。それから大鍋でおかゆを炊いて、祖霊や花婿や一族郎党にふるまう。その夜、ヌム・ンナン・ラニー・アイ（新婦を祝福する）という儀式が夜通しおこなわれた。囲炉裏の前に新婦がすわり、向かいにはジョイワーと呼ばれる初老の語り部祭司が腰をおろす。

ジョイワーは磨きのかかった声で節回しをつけながら、巨大な蛇身とも鳥の姿をしていたともいわれる雌雄一対の神が、森羅万象を生んでゆく天地開闢《てんちかいびやく》の神話を語り聞かせる。つめかけた人たちも膝を接してすわり、聞き入る。ただ、なぜか新郎は儀式の脇役で、家のどこかにいるだけだ。

暗い屋内に囲炉裏の炎がゆらめく真夜中、神話の朗詠は大洪水のくだりにさしかかる。

『ニンゴン・ワ・マカムと竜の娘の子孫である、兄と妹だけが長太鼓の胴に入って難をのがれ、世界の中央にそびえる山に漂い着く。ほかの人間たちはみないなくなった。いまや生き残った二人が結婚しなければ、人類は滅んでしまうだろう。しかし、兄妹は契りを結ぶそぶりも見せない。

それを案じた天の神は、二人を川に魚とりに連れてゆき、その汁を浴びると全身がかゆくなる草の束をこっそり水につけた。何も知らない二人は川に入った。たちまち体がかゆくなり、お互い裸になってかゆいところをさすり合った。そうするうちに、えもいわれぬ感じが満ちてきて、とうとうかれらは抱き合い、結ばれた。
こうして兄妹は夫婦になり、子供たちが生まれ、孫たちが生まれ、人類はふたたび地上にひろがって、さまざまな民族に枝分かれしていったという』
人生の節目にあたる結婚式の夜、新婦も新郎も神話に耳を傾けて、心のなかで遙かな時をさかのぼる。原初の時空に回帰して、男と女の契りと絆の源にふれる。そして、遠い祖先の時代から絶えることない男と女の絆の連なりに、いま二人も加わるのだという誓いを胸にきざむのである。
また、まわりで神話を聞いている若者や娘たちは、いつか自らもこうした誓いの時を迎えることを夢見るだろうし、既婚の男女は自分たちの結びつきについて思いを新たにするだろう。

遙かな源に根を下ろし

このような神話が語られる結婚の儀式は、リスー人やカチン人の村々でむかしからくりかえされてきた。そのたびに、神話の語りの響きのなかで「天地始めの男と女」はよみがえり、人びとの心にいきいきとしたイメージを焼きつける。

儀式の場の中心には、囲炉裏の火が燃えている。原始時代から人間の暮らしを支え、ぬくもりとやすらぎを与えてきた、炎の変わらぬ輝きがある。その火のまわりに、人の声と息づかいと眼差しと体温とにおいがある。

家を、村をつつんでいるのは、太古と同じ深い夜の闇だ。神話の世界に知らずしらずひきこまれてゆくうちに、わたしも村人たちといっしょに、むかしへ、むかしへ、遠い過去へとさかのぼってゆくような、なつかしさともいうべき感情にひたされるのだった。

あの夜、ノ・ラーン村で結婚を祝福された男女は、村落共同体に新しい夫婦として受け入れられた。祭りの場に招かれて訪れた祖霊つまり先祖も、精霊（神々）も、両人を見守り祝福したことだろう。

一方、中国領の焼畑で会ったリスー人の男女は、結婚を祝われることもなく、村にもちろん居場所もなく、森に駆け落ちせざるをえなかった。氏族の掟にそむき、禁忌をおかすことへのためらいやおそれ、二人だけで山の中に暮らすことと先ざきへの不安など、悩みは尽きなかったにちがいない。

それでも、情愛はおさえがたく、二人は後もどりできない道を歩みだした。そのときかれらは、人類の祖先になった兄妹の神話に思いを馳せはしなかっただろうか。神話のなかの兄妹も禁忌をこえて結ばれた。そのおかげで、人間の生命の流れは涸れることなくつづいてきた。

ただし、神話の時代が遠のくにつれて、家族や氏族や民族が生じ、共同体のしきたりがつくられ、結婚していい間柄と、してはいけない間柄が決められるようになった。しかし、しきたりの枠におさまりきらぬ男と女の情愛も跡を絶たない。

あのリス一人の男女は共同体の伝統儀式を介さずに、神話のなかの兄妹の聖なる契りに、まっすぐ二人のよりどころをもとめたように思える。天地にゆるしを問うために、お互いの心のなかで、神話のなかの兄と妹みたいに石臼を転がし合ったのかもしれない。そうして二人の絆は、原初の男と女の契りと絆の源にまで根を下ろしたのではあるまいか。

山中に「別天地」を開いたあの二人の面影は、いまやわたしの記憶のなかで、神話的なおもむきをたたえている。かれらもまた、ひと組の「天地始めの男と女」ではないのか……。

時おり、どこか遠い遠い月夜の山を、あの二人が、そして神話のなかの兄妹が、ただひたすらに石臼を背負って登っているような幻想にとらわれることがある。

戦争と家族のいる風景

戦争という迷路

ひと組の「天地始めの男と女」としてのリスー人夫婦と出会った年の雨季は、とても長く感じられた。篠つく雨が降りしきって、ごうごうと鳴る山の密林に白いしぶきが立ちこめた。時に、空全体が砕けたかと思うような雷と烈しい風をともなっていた。

夜、野生バナナの葉で屋根をふいた竹小屋に横たわっていると、森も大地も荒ぶる雨の力によって押し流されてしまいそうな漠然とした不安にかられ、神話のなかの大洪水を想像した。

ビルマ政府軍は占領したゲリラの元総司令部に陣地を築き、カチン独立軍は国境ぎりぎりの山中に仮の拠点をかまえた。両者のあいだで、散発的な戦闘がつづいていた。

国境を越えて中国領にのがれた難民は一万数千人に上ると見られ、ふるさとの村に帰れるあてもなく、山の中あるいは中国側に住む同族の村のはずれに小屋掛けして、長い雨の日々をむなしく送っていた。

かれらが領内にいるのを中国当局は黙認していたが、援助の手は差しのべなかった。中国政府が難民として認定しない以上、ＵＮＨＣＲ（国連難民高等弁務官事務所）や赤十字などの国際機関とＮＧＯからの援助もとどかない。

カチン独立機構からいくばくかの米とビニールシートなどが配られたが、充分ではなく、米やトウモロコシや塩や野菜などを中国側の村人から同族のよしみで分けてもらったり、買ったりしていた。カチン州の森から籐《とう》を伐り出してくれれば、中国側でお金に換えられた。山菜や竹の子やキノコなどを探して腹のたしにもしていた。

ビルマ政府軍に見つからぬよう、こっそりカチン州にもどって自分たちの焼畑から、植えっぱなしにした稲、トウモロコシ、ウリ、カボチャ、サトイモなどを取ってくる人たちもいた。草取りができないので、作物のでき具合はよくなかったし、何よりも危険な行為だが、食糧を得るためにはそうせざるをえなかったのである。しかし、不運にも政府軍に見つかって銃撃を受け、死傷者が出る事件も起きていた。

雨季の明けかかる一〇月初め、焼畑に稲穂が波打ちだしたころ、ある難民の女性から痛ましい話を聞いた。夫とまだ少年である息子とともに、カチン州に残した焼畑へ稲刈りにもどったとき、政府軍に見つかり発砲されたので懸命に逃げたが、息子だけが行方不明になってしまったのだという。

そのとき、同じ村からの難民たちも焼畑にいて、くもの子散らすように逃げたが、誰も息子がどうなったか知らない。夫が捜しにいったけれど、焼畑に息子の姿はなかった。森のなかで迷子になってしまったのではないか。しかし、もう一週間ほどたつのに何の手がかりもない。信じたくはないが、息子は傷ついてどこかで倒れたのかもしれない。でも、きっとひょっこり帰ってくるような気がするし、どんなことがあっても帰ってきてほしい。いまも、夫がまた国境の川を渡って捜しにいっている――。

彼女は伏し目がちに、とぎれとぎれに語った。まるで小石をひとつひとつ呑みこんでゆくような口ぶりだった。

「あの子は稲刈りを手伝うと言って、わたしから離れたところにいました。だから、逃げだすときにはぐれてしまったんですよ。わたしより森に近いところにいたから、てっきり先に逃げたとばかり思っていたんですが……。どうして、すぐそばにいてあげなかったのか、悔やんでも悔やみきれません……」

そこには、打ちひしがれたひとりの母親がいた。頬にほつれ毛がかかり、瞳の内には光がなかった。中国側に住む同じカチン人の村人で、氏族の縁があるのだろう、彼女を泊めてあげているらしい家の初老の婦人が、小さな吐息をもらしながら、わたしたちにお茶をついでくれる。

もし戦火に巻きこまれなければ、いまごろかれらは家から毎日焼畑に通い、親子で稲刈りをして収穫の喜びを味わっていたはずだ。それが、いったいなぜこうなってしまったのか……。「死」という単語こそ出てこないが、少年はもう帰ってきそうにないということが、暗黙の事実としてこの場ににじみだしている。

わたしは彼女にどんな言葉をかければいいのかわからず、戸口の外に目をやった。くもり空の下、白いもやのたなびく山と谷が見えた。谷の向こうはカチン州である。あの濡れた原色の緑をまとう森の内部に、闇がひろがっている。そのなかを、顔も姿も見たことはないが、少年がただひとりさまよっているのではないかと思われた。

向こう側で、少年は生死不明の迷路にいる。母親もこちら側で、傷心の迷路にいる。二人は声にならない声で呼び合っている。決して交わりそうにない二つの迷路をふくんで、戦争という巨大な迷路がこの地を、この時代をおおいつくそうとしているようにも感じられた。

爆撃された村の家族

戦乱のなかで、人びとの生死は偶発的なできごとに左右され、とりかえしのつかない悲劇が引き起こされる。中国国境から遠いカチン州北部山地のンバオ・ボム村で起きた事件も、そうしたなかのひとつだった。

一九八五年二月二四日の日曜日、竹林にかこまれた民家が一五軒あるだけの静かなこの村を、ビルマ空軍機が爆撃して、一〇人の死者が出た。犠牲者はすべて、逃げおくれた女性と子供だった。村の近くにはカチン独立軍の基地があり、四機のプロペラ機はまずそこを攻撃したのち、村の方に矛先を転じたのである。ゲリラを支持する解放区の住民への見せしめのためだったと思われる。

わたしがンバオ・ボム村を訪ねたのは、八六年の一二月だった。空爆で妻と二人の男の子と一人の女の子を亡くしたアボム・ノーさんは、くやしそうに顔をゆがめながら語った。

「爆弾を落とした人間たちを決してゆるせないよ。あの日、わたしは焼畑を伐り開く仕事に行ってたから、空襲のとき村にいなかった。家族と離ればなれになってしまい、護ってやれなかったんだ……」

六人家族だったのが、長男と二人だけとり残されたアボム・ノーさんの心の傷は癒えるどころか、ふれれば血がふきだしてくるような疼きをとどめている。

空襲が始まったとき、アボム・ノーさんの妻ンカン・カイさんと子供たちは、よその家を訪ねていたが、すぐに林の中にかくれずに、なぜか村の真ん中の道をわが家の方に走ってゆき、その途中でいのちを奪われた。どうして、最も危険な道の上に身をさらしてしまったのだろう。

母と子らは無我夢中で家をめざした。そこには、夫であり父であるアボム・ノーさんがいる、と必死に助けをもとめる気持ちになったのか。家族の暮らしをはぐくむ家という存在に、無意識のうちにすがろうとしたのだろうか。

戦争の災いの牙は誰にでも見境なく襲いかかる。突然、不条理な死の影が日常生活の場をおおってしまう。

母子四人がいのちを落とした現場には、爆弾でえぐれた穴が残り、草が茂っていた。乾季の青空からそそぐ陽射しが、赤土の道一面に散っている。あの日、この空から日光でも雨でもない、本来なら落ちてくるはずのない鉄の塊が落下して炸裂した。母と子らが最後に見たものは何だったのだろう……。

ある兵士の死

ビルマでは、一九四八年のイギリス植民地からの独立以来、多数派のビルマ人中心の軍部が実権を握る政府が、中央集権支配と同化政策を押し進めている。そのため、固有の文化や言語や地域を守ろうとして自治権をもとめるカレン、カチン、シャンなど少数派の諸民族のゲリラ組織と政府軍のあいだで、戦いがつづいてきた。

長年にわたる内戦では、日々の暮らしの場が戦場ともなり、無数の人命が失われ、人びとは体と心に傷を負った。夫婦、恋人、親子、兄弟姉妹、友達といったさまざまな間柄の人間たちが、生き別れ、死に別れする事態に投げこまれた。

そうした現実は、圧倒的な武力を持つ政府軍によって踏みこまれた側である、少数派の諸民族の地域により多く見られる。しかし、戦場にやってきた政府軍の側もまた、その現実と無縁ではいられらない。

八六年三月二二日、カチン州西部、フーコン平野の樹海でカチン独立軍部隊がビルマ政府軍部隊を待ち伏せして、戦闘が起きた。鳥のさえずりと羽ばたきが聞こえる朝の森に銃声がはじけ、銃砲撃の乱舞は地をゆるがして、太陽が西に傾く時刻までつづいた。

政府軍は十数名の戦死者を残して退却した。ゲリラ側の死者は一名で、負傷者が八名だった。硝煙のにおいが残る草むらに、政府軍兵士の死体が倒れていた。死後硬直が始まり、伸びきった右手がむなしく宙をつかんでいる。目はとじて、口は半ば開いたままだ。草いきれにまじって、かすかな屍臭がした。黒ずんだ血のりに蠅や蟻がたかっている。

地上に存在するものすべてを射抜くような陽の光を受けて、自分の体も影も目の前の光景もろとも大地に焼きつけられてしまいそうな気がした。汗がとめどなく流れ、頭の芯がぐらぐら揺れた。腰から下が鉛の塊を埋めこまれたみたいに重い。遠くで手長猿のかん高い叫び声が聞こえる。

「ここに来なきゃ死ぬこともなかったんだ。ビルマ軍は早くウンポン（カチン人）の国から出ていけばいい。そうすれば何も起こらないんだ」と、ゲリラの誰かが言う。

かれらの軍服の背中は汗まみれで、白い塩の地図ができている。顔半分の皮膚が凍りついたまま、眼の底に余燼がゆらめいている。

政府軍が退却していった小道ぞいに、薬莢、迫撃砲弾ケース、毛布、飯盒、米などが散乱していた。残された死体のポケットからは、ビニール袋につつんだ写真が出てきた。

軍服を着た体格のいい兵士とその妻らしき若い女性が、民家の庭先にならんでいる。つかのまの休暇で帰ったときに撮したのだろうか。女性は、ビルマの民族衣装である、くるぶしまでかくれる腰巻きスカートをはいている。眉間にかすかなしわを寄せ、心なしか表情が硬い。夫の身の上をいつも案じているからなのか。夫妻の子供であろう幼い男の子が半ズボン姿で、白いパゴダ（仏塔）の前で笑っている。その子が赤ん坊のときの写真もある。あどけない瞳が正面を見つめている。

妻は、夫が今日、遠い森の片隅でいのちを失ったことをまだ知らない。やがて戦死の知らせを受けとるとき、彼女の胸にどんな思いが走るだろう。そして子供に、父親がもう帰ってこないことをどうやって言い聞かせるのだろうか……。

「ここに来なきゃ、死ぬこともなかった」という言葉が思い浮かぶ。考えてみれば、戦死した政府軍兵士がカチン州の戦場に来なければならない個人的な理由は、まず何もない。上官の命令に従っただけなのだ。つまり、軍隊という国家機関の一歯車として行動した結果の死なのである。

ただ、ビルマ軍は志願制であり、みんな戦場におもむくのは承知のうえで入隊している以上、戦死は意外なことではないともいえる。

また、政府は反ゲリラ教育と宣伝に力を入れており、少数民族のゲリラは国家の統一を脅かす反乱分子だから討伐しなければならないと、地域や学校や職場でくりかえし強調しひろめている。軍隊ではそれをさらに徹底してたたきこまれる。国家による一種の洗脳であり、使命感に燃えてゲリラ鎮圧にあたる将兵も少なくない。

一九六二年のネ・ウィン将軍ひきいるクーデター以後、軍部独裁による鎖国経済政策の失敗で経済が破綻したこの国では、若者が職を得るのは容易ではなく、そのため、軍隊は安定した働き口として多くの志願者を集めている。大半はビルマ人の農家の出身者だという。

こうしてみると、政府軍の兵士が自らの郷里でも何でもない土地の戦場に足を踏み入れるということの背景には、国家権力がつくりだした仕組みがあると同時に、その仕組みに身を投じる個々人の選択と、身をゆだねざるをえない一人ひとりの事情がないまぜになっているようだ。

妻子の写真をたずさえたまま倒れた兵士の背嚢《はいのう》から、一冊のノートが出てきた。青いボールペンできちょうめんなビルマ文字がつづられている。後日、それは捕獲した他の書類とともに、カチン独立軍第二旅団本部で必要な情報を得るために読まれた。

七五年八月に入隊したその兵士は、中隊の補給任務についていた。そのため、米、塩、大豆、食用油、茶などの配給や購入の記録と、軍事教則の写しが大半を占めていた。

一方で、妻と二人の子の名前と誕生日、両親への仕送り、流行歌の歌詞、仏教のお経の一節、ビルマ史についての覚え書き、といった私的な記述もあり、ひとりの人間としての素顔が垣間見られる。

最後のページには、トマト、ニンニク、カレー粉、干し納豆、紙巻きタバコなどの購入リストが書かれていた。戦闘の起きる二日前の日付があった。

寡婦と遺児たち

政府軍兵士の死は、地名はわからないがビルマのどこかの町か村に、ひと組の寡婦と遺児を新たに生みだした。ひとりの夫であり父親でもある男の死が、銃後の家族の常に不安を背にした日常に決定的な亀裂をもたらし、嘆きと絶望の淵にのぞませることになった。残された母子は傷心を負いながら、その後どんな道を歩んだことだろう……。

思いめぐらすうちに、もうひと組の寡婦と遺児たちのことが記憶の片隅から立ちあらわれてきた。北タイの古都チェンマイの、堀にかこまれた旧市街の路地裏にある民家で、沈みきった面持ちでうつむいていたあの寡婦と遺児二人に会ったのは、かれこれ一六年くらい前、一九八三年の一二月である。

三人はムニョ君というシャン人のゲリラ兵士の家族で、このとき知人の家にひとまず身を寄せているところだった。ムニョ君はシャン人ではあるが、シャン州南西部のパオ人が多く住む地域の出身だったので、パオ民族軍（PNA）というゲリラ組織に志願して自治権運動の闘いに加わっていた。

彼が、タイとの国境地帯からビルマ東北部のカヤ州をへて、シャン州のパオ民族軍ゲリラの根拠地に向かう途中の山の中で消息を絶ったのは、八三年五月のことである。聞くところによれば、その日は乾季も末にあたり、夕方になって積乱雲が空をおおい、雷鳴が近づきだしたころ、ゲリラ部隊は政府軍部隊と遭遇し、戦闘が起きたそうだ。やがて激しい雷雨になったが、銃砲声はなおも響いた。

しかし、ムニョ君が戦死あるいは負傷したという事実はない。捕虜になったり、道に迷ったり、逃亡したりといったことも、その後、彼の消息について何の情報もない点からして、考えられないという。誰も気づかない場所で流れ弾に当たり、とうとう見つからずじまいになったのだろうか。

突然姿を消したまま行方知れずになったムニョ君は、ほぼまちがいなく死んだろうといわれている。彼がいなくなった当時、妻と子供二人がタイ領の国境の村に仮住まいしており、彼の帰りを待っていた。

まるで神隠しにあったかのような失踪である。ある日突然、人が姿を消す神隠しは、山深く、森のひろがるシャン州やカチン州では少なくないらしい。以前やはり、わたしが知る別のパオ人ゲリラ兵士も、食用の野草か何かを探しに森に入ったまま行方不明になっている。広大な森で道に迷ううちにけがでもして歩けなくなり、衰弱して倒れ果てたのだろうか。

それにしても、ムニョ君はいったいどこに消えてしまったのか……。わたしは、彼が死んだとはどうしても信じられず、密林の木々のあいだや草むらの葉かげからいつかひょっこり姿をあらわすような気がしてならなかった。

後に残された妻と幼い息子と娘も同じ気持ちだったろう。いや、そんな程度の心境ではなく、茫然たる思いと癒しがたい悲しみとともに、夫の死を、父親の死を信じられない、認めたくない痛切な感情や、身も心もしめつける喪失感と、望みを絶たれ途方に暮れるしかない思いでいっぱいだったにちがいない。

わたしは慰めの言葉のかけようもなくて、ただ気が抜けたようにため息をもらすだけだった。熱帯の陽射しがトタン屋根を焦がし、部屋の中には暑い空気がこもっていたはずなのに、むなしさにとらわれていたせいか、不思議と暑さの記憶はない。

分かち与えてくれた水

わたしがムニョ君と知り合ったのは七八年三月。タイ北西部の盆地にある国境の町メホンソン近郊の村から北へ、二〇〇〇メートル級の国境の山脈を越えて、ビルマのシャン州に入り、そしてサルウィン河を渡ってシャン高原のパオ人が住む地域へと訪ねた旅でのことだった。

彼は二十代の後半になっていたが、人なつこくて、片言の英語もでき、行軍中もよく水筒の水を分けてくれたり、飯盒で炊いた飯を地面にしゃがんで食べるときも、干し納豆や塩やトウガラシを食欲が出るからと言ってはしきりに勧めてくれたりして、面倒見のいい男だった。

前を歩きながら時どき足をとめ、「ウォーター」と、やや語尾をあげる発音といっしょに草色のプラスチック製水筒を渡してくれたさりげない仕ぐさと、ひかえめな笑顔が忘れられない。いくつもの小川が干上がり、水場に行きあたるのが容易でない乾季の炎天下の行軍では、水はとても貴重なのだが、彼は歩き疲れたわたしのために自分の飲む分を削ってまで水を分かち与えてくれたのである。彼自身も重装備のうえに、足のマメがつぶれたりしてつらかったはずなのに。

このときは何日間も昼夜をおかず歩きづめで、険しい山と谷を限りもなく越えてゆき、夜中に数時間、野宿して仮眠するだけの大変な道のりだった。途中、パオ民族軍と敵対関係にあるビルマ共産党軍との戦闘が起きたりして危険な状況下でもあった。

苦しい行軍の末にやっと着いたシャン高原の根拠地の村では、村人の温かいもてなしを受けた。そして、ビルマ政府軍や共産党軍を避けながら無事にタイ国境まで帰りついたときは、生きのびられたという思いがこみあげてきた。ムニョ君をはじめ苦楽を共にしたゲリラたちとは、後に再会したときに行軍の思い出話にふけったものである。

その後、タイ語が話せるムニョ君はパオ民族軍のタイにおける連絡員となった。チェンマイにアジトをかまえてタイ軍との折衝（当時、ビルマを仮想敵国とも見なしていたタイ軍は、ビルマの少数民族ゲリラからビルマ軍の動向や国内情勢について情報を得るかわりに、ゲリラがタイの商人から軍需物資を買い入れるなどの活動を黙認していた）にあたる上官の助手の任務につき、チェンマイとメホンソンを行ったり来たりした。

七九年の三月に、わたしがまたシャン州のパオ人の村とゲリラ基地を訪ねたときも、彼はチェンマイから案内役として同行してくれた。

夜行バスに揺られて、夜が明けたばかりのメホンソンに着くと、山間の盆地は乾季ならではの朝霧につつまれて、肌寒かった。黄衣をまとった仏僧たちの托鉢の行列が、乳色にくすんだヤシ並木の下を通ってゆく。

朝市にムニョ君と行って軽い朝食をとった。近くの農村から来た女たちが、道ばたに天秤の竹かごを置いて自家製の食べ物を売っている。細い竹筒で蒸してヤシの果汁で甘く味つけしたモチ米や、バナナの実をモチ米にまぜてバナナの葉につつんで蒸した物など、寝不足の体がそれを口にすることで確かに目覚め、朝の時の流れに寄せられていくような味わいだった。ムニョ君とわたしは地面にしゃがみ、黙って口を動かしながら笑みを交わした。

メホンソンからは軽トラックの乗合タクシーで北へ走り、川ぞいの平地が尽きるあたりにある戸数数十戸のホェイカン村で下りた。ここから先は国境の山々がそびえている。住民はタイ人と同じタイ語系民族であるシャン人だが、パオ人の家もいくつかまざっていた。

川辺の家族再会

ここに三日ほどいるあいだに、ムニョ君にとってきわめて大事なできごとがあった。シャン州に残してきた妻子が、国境を越えてやって来たのである。といっても、パスポートやヴィザを取って出入国したわけではない。

軍部が実権を握って圧政をしくビルマでは、一般の国民がパスポートを得て自由に外国に行くことはできず、ましてゲリラ活動のある地域ではビルマ政府軍の監視の目が厳しく、町から町へ移動するのさえ当局の許可証が要った。

だから、ムニョ君の家族はシャン州の南に接するカヤ州のある町までの許可証を取ってバスで来たあと、ひそかに地元の住民に案内を請いながら数日間歩いて山を越えてきたのだ。むろんタイへは密入国ということになり、タイの官憲の目も避けねばならなかった。一種の亡命のような行為である。

わたしは、妻子を出迎えるムニョ君について、メホンソンの南の郊外にある国境間近の村まで行った。そこは、山峡を通ってビルマ領に流れ入る川の畔で、ビルマ側から川をさかのぼってくる川舟が着く場所だった。

妻と子らは川べりの木の下で待っていた。頬や目もとにやつれが見える小柄な妻が立ちあがって、どこかまぶしげな目で夫を見た。シャンの民族衣装の、足首まである筒状の腰巻き風スカートが土埃にまみれていた。ムニョ君は安堵の色を顔に浮かべ、短い言葉をいくつかかけた。小学生になるかならないかくらいの息子と娘が父親の顔を、はにかんだような、また同時にすがるような瞳で仰いだ。ムニョ君は二人を抱き寄せると、感きわまったのか涙をはらはらとこぼした。

何とかビルマ政府軍に見つからずに来れてよかったが、危険なつらい道中だったにちがいない、まだ小さい子たちが母に従ってけなげにも歩き通してくれた、そして無事に再会できた……、と胸にあふれるものがあったのだろう。

わたしは彼の胸中を察しながら、内戦のつづく国に生きざるをえない家族の人生におおいかぶさる運命の波立ちを感じた。だが、それはまたあまりにも自分自身が育ってきた環境とは異なる世界のできごとみたいで、どこまでムニョ君一家の思いに近づけたかは心もとない。

母子の持ち物は、わずかな衣類や鍋などを入れたズダ袋と土埃をかぶった毛布と薄いマットだけだった。でもこれから、かれらはホェイカン村に仮住まいして、ともかく親子四人がいっしょに過ごせる時間を持てるようになる。デコボコ道を行く軽トラック乗り合いタクシーの座席のついた荷台で共に揺られ、乾季の濛々たる赤茶けた土埃にまみれながら、かれらはいまこの時の喜びをかみしめているように見えた。

しかし、それから四年後、ムニョ君は戦地の山深く、いずことも知れず永遠に姿を消した。寡婦となった彼の妻は、生来の物静かさに翳りが加わり、力なく微笑みながらわたしに、「あの人とお友達になってくださって、ありがとうございました……」と、しめやかな声で言った。

少し垂れ目だったムニョ君に顔だちがいよいよ似てきた兄妹が、母親にそっと寄り添うようにしているのがいたたまれなくて、わたしはいたたまれなかった。だが、母子の悲痛な心のつぶやきにどこまで心耳を傾けることができたか、やはりおぼつかないのであった。

かれらはその翌年、シャン州に帰ったと聞くが、どのような年月を送ったことだろう。順調に行けば、子どもたちはとっくに成人して家庭を築いているはずだ。未亡人はもう四十代の終わりにさしかかる頃である。ずっと再婚せぬままなのだろうか。ムニョ君の面影は妻や子らの胸にどのように宿り、突然に消息不明のままこの世を去った彼の最期は家族の心にどんな傷痕を残しているのだろう。

いや、すべてはかれらがいまなお生きていればの話だ。その身の上に戦禍がさらにおよんだり、マラリアなどの重い病に倒れたりしていなければいいが……。

記憶のなかで、ムニョ君一家の川辺での再会の光景ばかりがあざやかで、なぜか遠くからの問いかけにも似た意味を増してくるような気がする。

村を追われた人びと

あの国で、戦争はいたるところで死と傷の爪痕をきざみつけていた。男と女がいて、子どもがいる、生命のつながりのリズムが脈打つ、日々の暮らしの風景、いわば「男と女のいる風景」「家族のいる風景」を切り裂くようにして。

いったいなぜ、このようなことがくりかえされるのか。

一九八六年の九月半ば、カチン州北部の山地で、ビルマ政府軍の強制移住作戦により住みなれた村を追われた人びとに会った。この作戦は、ゲリラと住民の協力関係を断つために編みだされたもので、年ごとに区域を決め、そこを無人地帯化するのである。

各集落から、村人たちは銃を突きつけられて、身の回り品だけを持ち、追い立てられる。自動車道路ぞいにつくられた「戦略村」に収容され、政府軍の監視下におかれる。抵抗したり逃げたりすると、銃で撃たれる。残された家屋は焼かれ、米や家畜は政府軍に食べられてしまう場合が多い。

連行される前にかろうじて逃げだした人たちは、まだ政府軍が制圧していない土地にのがれる。そこで新たに焼畑を開いて小屋を建て、いつの日か村に帰れることを信じながら生きている。

わたしが会ったのは、パッ・ヤン・チャイ・ワロン地方からの難民だった。この地方には二四の集落があったが、八五年三月から一年ほどのあいだに次々と廃村の憂き目にあった。約三四八世帯およそ一八七八人の住民のうち、半数近くが「戦略村」に収容された。残りは難民となって各地に散っていった。強制移住作戦中に、わかっているだけで六人の村人が政府軍に射殺されている。

「ビルマ軍の将兵も、自分たちの土地ではこんなひどいことはしないでしょう。家族や親戚や知人のいるところでは、あたりまえの人間としてふるまうはずです。それが、カチン州などに来れば、人を殺すし、民家を焼くし、略奪もします。かれらにそうさせる仕組みが、長年の戦争のあいだにできあがってしまったんですよ」

自らの家族も村を追われて難民となったゲリラのひとりが、憤りと諦めの入りまじった面持ちで話す。

カチン州やシャン州など、少数派の諸民族が住む土地の大部分で、村人の接するビルマ人といえば、主に政府軍の将兵である。ビルマ語を話せない村人も多く、両者の意思疎通は難しい。何よりも、将兵の背後には政府がある。異民族の地に国家権力の切っ先として侵入した軍隊が、住民に対してどんなふるまいをするか、世界中の歴史をふりかえってみればよくわかる。

カチン人など諸民族の住民とビルマ人将兵のあいだには、このような関係しか成り立たず、権力とは関わりのない民衆同士としての出会いがない。このことが戦争の惨禍を生みだす原因のひとつであり、多民族共存の場への道筋をさまたげているのではなかろうか。

男と女と子どもらのいる風景

しかし、これは日本人のわたしにとっても無縁な事柄ではなかった。

カチン語で第二次大戦のことをジャパン・マジャン（日本戦争）と呼ぶ。日本軍が来た戦争という意味だ。三十数万人の日本軍がビルマに攻め入り、英・米・中国の連合軍と激戦を交わした歴史は、この地で決して忘れ去られてはいない。多くの現地住民も死傷した。連合軍が編成したカチン部隊に入って、日本軍と戦った男たちもいる。

日本軍は道路や飛行場などの建設に住民をほとんど強制的に徴用して働かせた。タイとビルマを結ぶ泰緬鉄道の工事はその最たるもので、一説によれば、徴用された一七万人あまりのうち、約三万ないし八万人が病気やけがや飢えのために死んだという。また、憲兵がスパイ摘発などの目的で、罪もない住民を捕まえて拷問し、死にいたらしめたりもしている。

日本軍将兵とビルマの人びとのあいだにも、やはりふつうの民衆同士としての出会いがなかったのだ。日本の男たちは国家の一歯車としてやって来た。「お国のため」と「家族や同胞を守るため」を同一線上で意義づけて、男たちを鼓舞した国家の命令によって。その国家は「大東亜共栄圏」という大義名分を掲げつつ、実はアジアの盟主となって領土や資源や権益を獲得しようとしていた。

この地には、日本の男たちが国家によって自らの「男と女のいる風景」「家族のいる風景」から引き離され、異国の戦場に送られ、同じ境遇の相手と殺し合い、しかも現地の「男と女のいる風景」「家族のいる風景」を侵してしまった悲痛な歴史がきざまれている。

しかし、同じような現実は世界中で後を絶たない。戦争や民族紛争の背後には、いまも権力者の思惑や、利益を狙う軍需産業や武器商人の暗躍など政治と経済のからくり、民族や宗教をめぐる確執などがある。

もしも人間一人ひとりが、「男と女のいる風景」「家族のいる風景」のたいせつさを心底理解し、しかも国や民族のちがいをこえて、自らと同じように他者にとっての「男と女のいる風景」「家族のいる風景」のかけがえのなさをも理解する感受性と想像力を持ち合えたら、戦争も少しは減ってゆくかもしれない。

だが、たとえこちらがそうだとしても、自分たちの「男と女のいる風景」「家族のいる風景」が侵されれば、闘わねばならなくなる現実もあちこちにある。まことに難しい。

けれども、「男と女のいる風景」「家族のいる風景」の方が国家や民族や宗教や資本やイデオロギーなどよりも、ずっと古い歴史の根を持っていることに思いを馳せてみる意味はあるだろう。誰しも元をたどれば、あの「天地始めの男と女」に、国家や民族といった枠組み以前のただの男と女・人間・生命という根源にゆきつくのではないかと、わたしは思う。

強制移住作戦からのがれてきた難民のひとり、ラジュム・ノーさんからこんな言葉を聞いた。四十代後半のきまじめそうな人柄で、家族を守りながら転々とした間の苦労が、落ちくぼんだ眼のまわりにあらわれていた。

「焼かれた家の跡はいまごろ、草ぼうぼうですね。でも、わたしたちはあの場所を忘れないでしょう……。ともかく、どこにいたって焼畑を開いて食べてゆきますよ」

早稲《わせ》の稲穂が風になびく焼畑に、難民の家族たちが生きていた。天と地のあいだに、「男と女と子どもらのいる風景」がたしかにある。

消えた人びと

かれらをぼくらは悼まない。誰れひとりできはしない
かれらを想起することは——かれらは生まれたのか、
遁れたのか、死んだのか？　寂しがられる
こともないのがかれらだ。欠けたところのない
この世界、しかしこの世界が崩れずにいるのは
ここに住まいせぬものによって、
消えたひとびとによって。かれらはどこにでもいる。

不在のひとびとがいなければ、存在するものはない。
はかないひとびとがいなければ、堅固なものはない。
忘れられたひとびとがいなければ、何も確かなものはない。
消えたひとびとは正しい。
そのようにぼくらも消息を絶つ。

（H・M・エンツェンスベルガー「消えたひとびと」野村修訳
＝長田弘『アウシュヴィッツへの旅』中公新書、所収）

誰にでも、特別な月日《がっぴ》があるはずだ。たとえばそれは、誕生日であったり、結婚記念日であったり、肉親・親友・恋人の命日であったり、卒業や退職の日や、大病が癒えた退院の日だったりするだろう。つまり人生を画する日付であり、毎年その日がめぐってくるたびに、何らかの思いが湧いてくる特定の日である。

わたしにもそんな月日がいくつかあるが、これから語ろうとするテーマにふさわしいのは、やはり三月二二日ということになるのだろうか。しかも、二つの三月二二日なのである――。

サルウィン河へ

鳥の声とせせらぎに目をさまされた。野宿の焚き火が消えかかっている。灰の上にあった飯盒の白湯《さゆ》を飲みほして、歩きだす。昨日越えてきた二千数百メートルのラン山から北西へ流れくだる谷川ぞいの小道や川原を行き、水に膝までつかりながら徒渉をくりかえす。朝もやが晴れ、梢ごしに仰ぐ亜熱帯の乾季の空に青の光度が増し、やがて白熱の気がにじんでくる。

およそ二時間後、ふいに樹林がとぎれて視界が開け、峡谷があらわれた。深緑の太い水流が渦を巻いて動いている。サルウィン河だ……。はるか北のチベット高原から流れだし、中国雲南省とビルマ・シャン州の山岳地帯をつらぬいて、遠く南のインド洋にそそぐ。全長は約二四一〇キロ。乾季で水位が下がっているせいか、河幅は百数十メートルだ。岸辺の干上がったところは砂丘と化し、流木が横たわっている。

一九七八年三月一九日、サルウィンとの初めての出会いだった。わたしは汗をぬぐうのも忘れて、しばし立ちつくした。何か途方もない力を秘めたものが、大河のかたちをして、時代や人間界とは無縁に、悠々と時を経ながら生きつづけているように思われた。どこからか、岩をかむ水音のうなりが低く聞こえてきた。

タイ・ビルマ国境の山を越え、ルポライターの竹田遼氏と写真家の加藤博氏とともに、パオ民族軍（PNA）ゲリラ部隊に従軍し、シャン州に入って今日で五日目。これからサルウィン河を渡り、シャン高原南西部にあるパオ民族機構（PNO）の根拠地ノャタロンへと向かう。三月二三日にそこで、ゲリラと住民が結集して連帯をはかる、「パオ民族の日」という祭典が開かれることになっていた。

パオ民族機構は、軍事力による中央集権支配と同化政策を押し進めるビルマ政府に対し、自治権をもとめて闘うパオ人の民族運動組織で、パオ民族軍（兵力約一〇〇〇人）はその軍事部門である。七五年に、政府軍支配のおよばぬかれらの解放区を取材した竹田さんに、今回の祭りへの招待状がとどき、国境まで迎えの部隊が来てくれたのだ。

このとき、わたしは二十歳で、大学の探検部というサークルに属し、タイ、ビルマ、ラオス、中国雲南省、インド東北部にまたがる地域の山地民族の世界に関心を持っていた。山住みの人びとは、雲海の上の山地は自分たちの世界だと見なし、国境線にとらわれることなく、同族とのつながりを保って暮らしているということを書物で知って、国家制度の枠組みにからめとられていないかれらの自由さに憧れにも似た思いを抱いたのだった。

そして、七七年の雨季八月には、初めての海外渡航で、タイ北西部の山岳地帯に住むラフー人やリスー人の村を訪れ、さらにビルマ・シャン州の端っこにあるパオ人の村と、パオ民族軍のゲリラ・キャンプにも足を伸ばしていた。

その前に日本で、竹田さんの講演『少数民族の抵抗と現実、もう一つのビルマ』を聞き、ビルマにおける複雑な民族問題を知った。地域と伝統文化と祖先とのつながりに根ざして、未来へ生きのびようとする少数民族の闘いに関心をひかれた。どうしても現地を訪ね、未知の現実にふれてみたいと思った。わたしは竹田さんに頼んで、タイに来ていたパオ民族機構のメンバーを紹介してもらい、かれらの案内で国境を越えたのである。

この越境行為も、ビルマ政府から見れば密入国にあたるだろう。しかし、政府による支配を不当と見なすゲリラ側からすれば、自分たちの土地に外国人を迎えるのは自由だということになる。地元の諸民族も国境をまたいで住んでおり、国境や国家の概念もあいまいだ。日本では想像しにくい、いわば風通しのいい国境地帯のあり様は驚きだった。

前回は雨季の真っ最中で、滝のような雨が森におおわれた山と谷をゆるがし、赤土の道は泥沼みたいにぬかるんだが、一年中で最も暑いいまはからからに乾ききって、峡谷両岸の山の木々もすっかり葉を落としている。太陽が空の頂にかかると、気温は四〇度をこす。褐色の山肌が熱気のもやにかすみ、川面は鈍い光をたたえる。竹小屋に泊まって、対岸まで迎えにくるはずの別部隊を待つことになった。

乾季の行軍

翌々日、向こう岸から、二人の村人が汗みずくになって、しわの寄った封筒をたずさえてきた。河から半日ほど離れたホェイカ村近くの山で待つ、という別部隊よりの手紙だった。

正午すぎ、船外機のついたボートに一〇人ずつ乗りこんで、サルウィン河を西岸へ渡る。水深のありそうな翡翠《ひすい》色の流れは、力強くうねっている。渦が生き物のようにゆっくりと回る。チベットの雪山に源を持つ水は冷たく、水中に流砂が輝いては消える。

わたしは三〇名ほどの一列縦隊の真ん中に入った。兵士たちは自動小銃の撃鉄を起こし、あたりに気を配りながら足早に進む。陽光に反射する白い砂丘を、川上へ一時間くらい歩き、ぶつかった小川をさかのぼって、静まりかえった山に分け入る。

「待ち伏せされるかもしれないから、二メートル間隔で歩くように。行軍中は絶対にしゃべらず、水も飲みすぎてはいけない」と、指揮官のひとりが小声の英語で日本人三名に注意する。

沢は途中から水が涸れ、木や竹のおおいかぶさった川床をたどる。やがて斜面にとりつき、枯葉の散りしいたけもの道と見まがうところを登る。熱気のこもった森に、風はない。汗がとめどなく滴る。

ホエイカ村近くの西日さす山中で、出迎えの部隊と落ち合った。木々の根もとで、銃、弾帯、手榴弾、山刀、背嚢、水筒、飯盒、米の入った細長い袋など完全装備の若い兵士たちが車座になっている。好奇心あふれる目をこちらに向ける。話しかけてきたそうだが、部隊は警戒中で声を立てるのは禁じられている。人なつこい無言の笑顔につられて、わたしも笑みを返す。

指揮官たちが村人もまじえ、声をひそめて作戦会議をおこなった。鉈《なた》を入れる小さな竹かごを腰に巻いた、四〇歳くらいの男の村人は裸足で、着古したシャツの前をはだけてしゃがみ、汗のにじんだ顔をくもらせながら話に加わっている。政府軍の動きは見られないが、ビルマ共産党軍ゲリラは西岸地方のあちこちに出没しているらしい。

ビルマ人幹部と雲南省に近い果敢《コーカン》山地の中国人が主体の共産党軍は過去に、民族自決路線をとるパオ人ゲリラのあいだに食いこみ、親共産党派を分派させ、解放区を乗っとろうとして敵対している。中国共産党に支援されたかれらは、武器弾薬が豊富だ。

日が落ちてから出発した。部隊は一〇〇人ほどに増えている。こちらの動きをさとられぬよう、懐中電灯の使用も煙草も禁じられる。淡い月明かりだけを頼りに、前を行く人影を追って、山道を上り下りする。夜だというのに、蝉しぐれが聞こえる。人の動きを知ってか、いっせいに鳴いてはぴたりとやみ、霧雨のような蝉たちの小便が降ってくる。

隊列は何度も立ちどまり、斥候がゆくてを確認するのを待つ。万が一の銃撃にそなえて木の幹に寄りそったまま、重苦しい沈黙の時が過ぎてゆく。遠く野火が、不安をかきたてるような朱色の光を放っていた。

銃声

三月二二日、まだ薄暗い午前五時前に動きだす。昨夜は真夜中まで歩き、木立のあいだのごつごつした地面に寝ただけで、眠りは浅く、強行軍に疲れた体は重い。

朝霧の盆地に下り、小川のそばにある小さな集落の手前で休む。わずか十数分前まで、共産党軍の部隊がいたらしく、西へ向かったとの情報を得る。わたしたちは北へ、このあたりの中心地カンツーロン村を迂回して、灌木林と野原がひろがる盆地の縁《へり》を足早に抜けていく。

ふたたび山の中に入り、沢で朝食をとった。飯盒で炊いたぼそぼその飯に、ビセインというにおいの強い干し納豆とトウガラシと塩をふりかけるだけだ。なかなかのどを通らない。この国の食作法にしたがい、慣れない手つきで飯をつかむわたしを見かねて、ムニョという片言の英語を話せる兵士が、

「右手の先につかんだ飯を親指を使って口に押しこむんだよ」と、目で笑いながら実地に教えてくれる。兵士たちは黙々と、あきれるほどの量をたいらげる。ゲリラ生活では、食べられるときに腹いっぱいつめこんでおくのが鉄則らしい。

日がじりじりと高くなるにつれ、凄まじい暑さが満ちてくる。川という川は干あがり、のどはからからに渇き、マメのできた足裏がキャラバン靴のなかで灼けつく。全身を陽射しにあぶられて、頭が朦朧《もうろう》とする。兵士たちの軍服の背中が汗で黒ずんでいる。太陽が銀《しろがね》に輝いて南中するころ、狭い山間の上り坂にさしかかった。

突然、先頭の方で銃声が響いた。つづいて、自動小銃の乾いた連射音がはじける。隊列が一瞬凍りついたようにとまる。草むらと灌木にはさまれた肩幅ほどの道が少し右に曲がっていて、先は見えない。戦闘が始まってしまった。

空気をえぐるようなバズーカ砲の発射音がする。砲弾の炸裂音の衝撃が鼓膜を撃つ。前方の草むらからゲリラのひとりが転がり出る。左足を引きずっている。破片が当たったのだろうか。道ばたに伏せたわたしたちの横を、指揮官が小走りで前へ駆け抜けていく。銃声が両側の斜面に反

響している。

このままでは包囲されるかもしれない。刺すような不安が胸をよぎる。生まれて初めての戦場。体中の血が逆流しそうな感覚に襲われる。相手は共産党軍か？　政府軍だろうか？　見えない敵、いつ始まるか終わるかも知れない銃撃戦。おののきが体を締めつけてくる。

戦闘は三〇分近くつづいた。部隊は機を見て退き、左手後方の急傾斜の山へ息をはずませながら登った。敵が陣どっていたゆくての両側の山とは別の、高い場所をひとまず確保する必要があったからだ。一時間以上かかって、狭い山頂の草むらにたどりつき、わたしは足を投げだしてあえいだ。

いったい、何がどうなって、これから自分たちはどうなるのか、頭のなかは混乱していた。ここが日本とは地つづきではない、遠い異国の戦地であることをひしひしと思い知らされる。ともかく、銃声がやんだことに胸をなでおろす。どこからか聞こえてくる鳥のさえずりが、耳にしみ入る。

黒い帽子の死者

「相手は共産党軍だ。西へ向かったと見せかけて待ち伏せをしていた。ところが、沢に水汲みに下りてきた敵兵をこちらがいち早く見つけて、先に撃ったんだよ。まったく運がよかった。一歩まちがってたら、大変な被害を受けることになってただろうね」

ひたいに脂汗を浮かべた指揮官の言葉に、わたしたちはあらためて顔を蒼くした。もし部隊が五分早いか遅いかのタイミングで、あそこを通っていたら……。何事もなかったかのように照る陽の下で、皮膚の裏側に冷えびえとしたものがうごめくのを感じた。

「けれど、味方の先頭を歩いていた兵士がひとり、戦死してしまったよ」

彼はそうつぶやくと、黙りこんだ。黒いカウボーイ・ハットをかぶった、体格のよい、チョウ・セインという名の兵士だったらしい。行軍の休憩時にどこかで話しかけられたような気がする。パオ語で「飯は食べられるか？　うまいか？」とたずねてくるので、わたしが「うまい、うまい」と、無理やり自分の気持ちを引き立てるように片言のパオ語で答えると、厚い唇をニヤッとさせて、腹をふくらませるおどけたしぐさをしたのではなかったか……。

その若者が、もうこの世に、この地上に存在しないのだ。銃弾に倒れた遺体だけが、道ばたにやむなく置き去りにされ、容赦ない陽射しを浴びているにちがいない。血はすでに黒くこびりつき、蝿や蟻が群がっているかもしれない。

しかし、その事実をこの目で見ていないせいか、どうしても信じられなかった。若者は忽然と消えて、またどこからかあらわれてくるような気がしてならない。

ただ、もし彼が、わたしたちを出迎えるという任務についていなかったら、今日あの場所で死ぬこともなかったはずだということだけは、胸に錘《おもり》が沈んでくるような感覚とともに理解できた……。

戦死者が出ても、目的地をめざす部隊の予定は変わらなかった。誰かが、いついかなる時にか、いのちを落として欠けることもある、という暗黙の了解が、戦場では水のようにあまねき、人の心をひたしているのだろうか。自分が何も知らずに、いつのまにかそうした世界に足を踏み入れていたという事実が重くのしかかってくる。

コースを変更し、山ひだをぬい、尾根を越えて、共産党軍から遠ざかる。ようやく澄んだ流れの沢に行きあたると、みなのどを鳴らして水をむさぼり飲んだ。

西の山なみに紅い日がかくれる直前、馬も通れる広い山腹の道を横ぎった。兵士が地面に顔をこすりつけるようにして、足跡の有無を調べている。

そして、月の光の下を歩みつづけた。いくつもの黒い山を越え、谷を渡った。棒のようになった足を必死に引きずって隊列についてゆく。疲れ果てて夜営地にたどりついたとき、時計の針は零時を回っていた。冷たい夜風が吹き抜ける山上で、わたしはセーターや腰巻き布などありったけの衣類を身につけ、岩かげの草の上に体をまるめて寝ころんだ。

シャン高原の朝

寒さで目がさめた。夜露にぬれた体を起こして、日の出前に出発した。今日も無事に朝を迎えられたことが、奇跡のように感じられる。昨日の銃声が耳の底によみがえる。

いくつもの峰を越えたあと、峡谷の底に下った。サルウィンの支流であるポン川が波飛沫をあげて駆けている。飛び岩づたいの竹橋を慎重に渡り、切り立った斜面のじぐざく道を登ると、シャン高原に出た。地平線の見える野原と林と丘がつづき、乾いた田と畑が入りまじる。

雨季には泥となる紅土《ラテライト》の土埃を巻きあげて、二頭立ての牛車ががたごと走る。首筋から背にかけて大きなこぶのある褐色のゼブ牛が、巨体をゆすらせながら進み、荷台には薪を積んだ親子が揺られている。ティオンロン村を過ぎ、ティネ村に着くころ、西日に照らされた兵士たちもわたしも、影法師を連れ、足を引きずりながら歩いていた。

木と竹で建てた高床式の、屋根を木の葉で葺《ふ》いたパオ人の民家で、ナス、ニガウリ、小粒のトマト、ニンニク、トウガラシの炒め煮をおかずに、夕飯をごちそうになった。暑さと渇きでひび割れた唇に、からさがしみる。バレーボール大の巨大瓢箪に入った水を何杯も飲む。草地に放っていた牛の群れを連れもどす、村人のおらび声が聞こえる。牛の首にぶら下げた竹の鈴がカラコロ、カラコロと乾いた音を響かせる。
日が沈みかけてから歩きはじめ、暮れなずむ高原のゆるやかな起伏を越えてゆくうちに、隊列の影は闇にとけこむ。無量の星々がまたたき、やがて、満月も輝きだす。

夜ふけ、チャタロンからの迎えのトラックに乗りこんだ。荷台、屋根、ボンネットに一〇〇名近い人間を鈴なりに乗せた、使い古しのトラックは、牛車の轍《わだち》がついたでこぼこの土の道を、夜気を切って走った。わたしは兵士たちとくっつき合って、揺れたり跳ねたりする荷台に立つ。かれらの息づかいと汗のにおいが伝わってくる。くたびれ果て、立ったままうとうとした。途中の村で、半数以上のゲリラたちが降りた。

荷台にすわりこみ、いつのまにか眠りこんでいた。気がつくと、夜明けだった。トラックは丘陵地帯への上り道にさしかかっている。足を伸ばして、風に吹かれるゲリラたちの横顔が、曙光に映えている。総司令部のある村はもうすぐだ。行軍中の緊張から解き放たれたかれらは、愉快そうに笑い合う。

地平線から日輪が昇ってくる。シャン高原の朝。水を汲んだバケツを竹の天秤棒でかつぎ、腰を振ってバランスをとりながら歩く娘たちを追いこす。道ばたに立ちどまってこちらを見あげる、彼女たちの黒や紺のゆったりした貫頭衣の民族衣装に、朝日が吸いこまれている。兵士たちが通りすぎざまに声をかけると、はにかんだ笑みが返ってくる。黒い瞳がしっとりと光をふくんでいる。

わたしはなかば放心して、流れゆく風景に目を向けた。空の青と紅い土と草木の緑と、まばゆい小川の水。輪郭のくっきりした、岩や樹木や民家や人をめぐる光と影。今日までの人生で最も美しく、心にしみる朝かもしれない。この地上に初めて訪れた朝をながめているみたいだ。危険な行軍をくぐり抜けて、いまわたしのなかの生命が目を見開き、まわりの世界と呼び交わしているからだろうか。

だが、戦場でいのちを落とした黒い帽子の兵士は、この朝を見ることなく、遠い森の草むらで朽ち果てようとしている……。

彼は三月二二日という日付を残して、この世界から、消えた。

死者たちの列

サルウィン河から、神経をすり減らし五体を疲労の極みに立たせる行軍を共にしてきた一〇〇名ほどのうち、黒い帽子の兵士だけがシャン高原の朝の爽気にふれることなく、逝った。

その肉体が陽にあぶられ、蝿や蟻にたかられ、膨張し腐敗し、草におおわれつつあると思われるころ、生きのびたゲリラたちとわたしたち日本人三名は、「パオ民族の日」の祭りに参加し、太鼓や銅鑼《どら》に合わせた男女の踊りを見、仏教僧の読経に耳を傾け、民家で料理をもてなされ、囲炉裏のそばで眠りにつく、数日間を送った。

戦死した兵士のことを忘れてしまったわけではない。時おり、熱く乾いた森で見た黒いカウボーイ・ハットの下の横顔と、足早に歩を進める草色の軍服姿が、眼間《まなかい》をよぎることがあった。だが、いまひとつ我が身深くに差し込んでくるような感覚、悲痛さがともなわないのも事実だった。それは、彼が肉親や友人というわけではなく、わずか二日間いっしょに歩き、二言三言、言葉を交わしただけの関係にすぎないからなのだろうか。

しかし、決してそれだけではかたづかない何かが、胸のなかに重く引っ掛かっているのもまた確かであった。もし彼が、日本人三名をサルウィン河の近くまで迎えにいく任務についていなければ、いやそもそもわたしたちが今回シャン州を訪れてさえいなければ、あの日あの場所でいのちを落とすことにはならなかったはずだ。とすれば、彼の死に対して、わたしにも責任の一端がありはしないだろうか……。

ただ、自責の念に駆られて眠られぬほど、そのことについて考えつめたわけではない。ひとつはやはり、戦死の現場を、遺体を目にしていないために、どこか現実感が薄いせいであろう。そして、戦場では誰かがいつかどこかでいのちを失うのは、普通のことであるというような空気が、この地にそこはかとなく漂っているのを感じ、わたし自身も知らぬまにそのなかにひたっているからだろうか。

ゲリラたちも、悲嘆にくれて食事も喉を通らず眠ることもできず、といった様子ではない。もちろん悲しみの感情がまったくないわけではなかろうが、仲間の戦死という事実を受けとめることへのある種の慣れが見られる。

それは、長年にわたる内戦で、戦死者が出ることがくりかえされるうちに、ゲリラ部隊という集団のなかにいつのまにかできあがった慣習のようなものなのだろうか。個々人の感情の起伏も、その慣習あるいは空気のようなものの枠内におさまっているのかもしれない。また、そうでなければ、死をも覚悟したうえで戦いの場にのぞむことができなくなるのかもしれぬ。

戦争による死者は彼だけではなく、これまですでにおびただしい数の死者たちがいて、そこに新たにひとり加わった、ということなのだろうか。そしてこれから、誰もが死者たちの列に加わる可能性を持っているということでもあるのか……。

なぜ、この国で何十年間、戦争による死が積み重なってきたのか、それを考えるために、パオ人のたどってきた歴史をふりかえり、ビルマの民族問題と内戦のあらましについて記してみたい。

滅亡した王国

ビルマには、ビルマ、アラカン、モン、シャン、カレン、カレニ、パオ、カチン、パラウン、ワなど、四〇以上のさまざまな民族が住んでいる。

パオ人の遠い祖先がいつのころから住みついたのかは、定かではない。言語系統的にはカレン人と同じ仲間であり、伝説によれば、大むかしにいまのモンゴルあたりの土地から中国西南部を通って、サルウィン河やイラワジ河ぞいに、焼畑をしながら南下してきたといわれている。

やがて、サルウィン河口に近い平野部と丘陵に住みつき、ツァイ・トン(後にビルマ語名でタトンとなる)という都市を築いた。水田稲作も始め、紀元前七世紀ころには、スヴァナ・ブミ(黄金の国)と呼ばれる王国を建てたという。インドの方と海を通じて交流・交易が盛んになり、上座部仏教と仏典を記すのに使われたパーリ文字も伝わって、それまで精霊信仰(アミニズム)を信じてきたパオ人は、仏教を受入れ、壮麗な仏塔を建てるようになった。

もっとも、この王国は、下ビルマの地に古くから住みついたモン・クメール系民族のモン人が建てたもので、一早く仏教徒になったのはモン人だという定説が別にある。

こうして栄えたスヴァナ・ブミ王国も一〇五七年、イラワジ河中流にビルマ人が興したパガン王国のアノーヤター王の軍勢により、攻め滅ぼされてしまった。王族や僧侶や技術者などが連行され、仏典も持ち去られた。これによって、パガン王国に仏教と文字が伝わり、ビルマ人は仏教徒になったのである。

亡国の民となったパオ人たちは、ビルマ語でトン・スー（南からの囚われ者）という蔑称で呼ばれるようになり、カレン人やモン人とともに被征服民族としてあつかわれた。

しかし、そのなかから一〇〇家族ほどが新天地を求めて北へ、サルウィンの川上へと逃れてゆき、シャン高原南部に住みついた。かれらはパオ人の血と固有の言語や文化を守りながら、農耕に励んで子孫を増やしていった。だが、すでにシャン高原に住んでいたシャン人の土侯による封建支配に服することを余儀なくされ、年貢を取られるなど、自由を抑えられながらの暮らしであった。

イラワジ中流・下流の平原では、ビルマ人とモン人の王朝が覇を競い合う時代がつづいた。一方、山岳地帯や高原に住むカチン、チン、カレニ、シャンなどの諸民族は、一部ではビルマ王の宗主権を認めさせられたりしたが、直接支配を受けることはなかった。

一九世紀に入ると、インド亜大陸を植民地にしていたイギリスとビルマ人のコンバウン王朝とのあいだに勢力争いが起き、一八二四年、五二年、八五年の三度にわたる戦争の結果、コンバウン朝は滅ぼされ、八六年にビルマは植民地化された。

イギリスは分割統治政策をとり、イラワジ中・下流域平原のビルマ本土と周辺地域を別々の行政系統下においた。シャン州やカチン州などでは、以前からの土侯と氏族首長の権威を認めた。また、多数派のビルマ人を抑えるために、キリスト教への改宗者が多かったカレン人を軍隊や警察に積極的に採用し、ビルマ人には門戸を開かなかった。これはビルマ人の反感を呼び、以前から両民族のあいだにあった溝を深めることにもなる。タトンなど下ビルマに住むパオ人のなかにも、軍や警察に採用される者がいた。

その後、人口の多いビルマ人は次第に高等教育を受けて、役人になる者も増えてゆく。一九一〇年代からは、ビルマ人の学生や若い僧侶など青年層を中心に反イギリス運動が始まり、労働運動も組織され、独立への動きが高まっていった。

第二次大戦が勃発すると、独立運動をひきいるアウン・サンらは日本軍に支援されて、ビルマ独立義勇軍をつくり、一九四二年からビルマに攻め入ってイギリス軍と戦った日本軍に協力する。かれらと、連合軍側に協力的だったカレン人とのあいだで衝突があり、カレンの村人が虐殺される事件も起きた。大戦末期、アウン・サン将軍らは、日本軍が不利になると連合軍側に寝返って対日蜂起をし、その後の政治的立場を有利なものにした。

独立をもとめて

一九四五年に日本の敗北で大戦が終わり、イギリスによる支配が再開すると、アウン・サンをリーダーとする反ファシスト人民自由連盟を中心に、独立運動が強まる。ビルマ人以外の諸民族は、ビルマ本土の独立に加わるか、イギリス保護領としてしばらく残ったあと、自ら独立するかの選択を強いられた。

四七年二月、アウン・サンの呼びかけで、ビルマ人、シャン人、カチン人、チン人の代表はシャン州のパンロンで会議を開く。州自治権と独立一〇年後からの分離独立権を認める趣旨のパンロン協定が結ばれ、シャン、カチン、チンの三民族はビルマ連邦の独立に加わる道を選んだ。協定の内容は憲法に盛りこまれることになった。

四八年一月、ビルマ連邦は独立した。独立直前に政敵に暗殺されたアウン・サンの後を継いで、ウー・ヌが首相になった。一方、パンロン協定に参加しなかったカレン人、カレニ人、パオ人、モン人などは、あくまで自らの独立をめざして、交渉やデモなど政治的手段に訴える。なぜなら、ビルマ王朝時代や第二次大戦中の圧政が再現されるのを恐れたからだ。

しかし、政府側は譲歩せず、弾圧を始め、軍がカレンの村人を虐殺したりする。そのため、諸民族側は同年八月から、やむをえず次々と武力闘争に入った。こうして、内戦が始まる。諸民族側は各地の都市を掌握し、政府軍を首都近郊にまで追いつめたが、アメリカとイギリスに支援された政府軍に押し返され、農村部へと退かざるをえなかった。

民族自決を唱える政治家のウ・ラ・ぺらをリーダーとするパオ人の民族運動は、シャン州南西部に根づいていった。それより前に、各地の村人と僧侶がつくったパオ人の自衛集団がシャン人土侯の支配に対する抵抗活動をおこなっていたことも、その下地となった。かれらは「トン・スー」と呼ばれることを拒否し、誇りをもってパオと名乗った。四九年、パオ民族解放機構が発足し、土侯勢力の要請を受けて介入したビルマ政府軍にゲリラ戦で対抗した。

五八年、シャン土侯はパオ人に対する徴税などの封建支配をやめ、パオ人が多数住んでいる地方の自治を認める、という条件で、政府とパオ人の民族運動のあいだに和平協定が結ばれた。政府側の狙いは、パオ人に局地的な自治権を認めることで、シャン土侯の影響力を削ぐ点にあった。というのも、当時、政府が州自治権をないがしろにして中央集権支配を強めていることに対し、シャン人の民族意識と反政府機運が高まっており、土侯制はシャン民族の団結の象徴にもなっていたからだ。

五九年、ネ・ウィン総参謀長を首班とする第一次軍事政権（ビルマ政界の混乱を収拾するため、一時的に委譲された選挙管理内閣）は、土侯制度を廃止させ、三三あった土侯の領地を七つの県に再編成した。つまり廃藩置県である。

これはシャン人の反発をさらに呼んだ。中国国民党の残党軍を討伐するためにシャン州に大量進駐した政府軍が、住民をポーターに駆りだしたり、暴力をふるったりしたことも、それに拍車をかけた。こうして、シャン人のあいだに憲法に基づく分離独立権を行使すべきだという声がひろまり、武装して独立闘争を始めるグループもあらわれた。

歴史と闘いと夢

一九六〇年になると、シャン、カチン、カレン、モン、アラカンなど少数派の境遇におかれた諸民族による、真の連邦制をもとめる反政府運動の波が全国的に高まり、パオ人もそれに加わってゆく。

翌年には、カチン人も武装蜂起した。カチン州の一部が住民の反対にもかかわらず中国に割譲されたり、政府が仏教を国教化(カチン人はキリスト教徒が多い)したりしたことが反発を呼んでいたからだ。

時のウー・ヌ政権は問題解決のため、六二年二月、政府と与野党と諸民族代表による会議を開いた。諸民族側の決意はかたく、ウー・ヌ首相も譲歩しかけたという。

しかし、ビルマ人以外の民族の権利拡大を望まぬ、大ビルマ主義者のネ・ウィン将軍ら軍部は、三月二日、クーデターを起こす。政府閣僚や諸民族の代表は逮捕され、議会も政党も解散させられた。そして、憲法まで廃止されてしまった。

軍事政権は軍人主体のビルマ社会主義計画党を設立し、民主的な諸権利や言論の自由も認めぬ一党独裁体制をしいた。農業や工業はじめあらゆる産業分野で国有化を進めた。それは、従来、中国系・インド系商人と英国系資本によって牛耳られていた経済を、ビルマ化するというスローガンのもとにおこなわれた。

パオ人にとっては、シャン高原での有力な換金作物として力を入れていた、葉巻煙草を巻くためのセンラー葉の栽培・加工業を国有化されたことは、経済的に大きな痛手だった。さらに、高額紙幣の五〇チャット札と一〇〇チャット札を無効とする廃貨令が突然施行されたので、個人的蓄えまで失うことになった。

ウ・ラ・ぺらパオ人の民族運動の主なリーダーは投獄されたため、残された者たちでゲリラ部隊が再組織され、軍事政権への抵抗を始めた。しかし、ビルマ共産党の政治理論に影響された一部の幹部が路線争いを仕掛けて七二年に実権を握る。

一九四八年に共産主義革命をめざして武力闘争を始めていたビルマ共産党は、民族解放闘争のためには、諸民族内部で階級闘争を起こし、プロレタリア階級が諸民族内のブルジョア指導層に取ってかわることが不可欠だと煽動し、宗教や伝統文化に否定的だった。

だが、パオ人など少数派の諸民族社会には、著しい階級分化は見られない。際だった資本家がいるわけでもなく、小規模な自作農がほとんどで、人びとは伝統文化と信仰に心の拠りどころをもとめている。

中国共産党に支援され、毛沢東主義を掲げるビルマ共産党の革命路線は、内実は、ビルマ人幹部がひきいる共産党だけが、自分たちと異なる意見を排し、すべての民族の上に立って指導することにほかならなかった。

七三年、ウ・ラ・ぺらは釈放され、ひそかに解放区にもどってきた。ところが、共産主義者に握られた組織、シャンランド民族解放戦線はかれらを冷たく迎える。ウ・ラ・ぺは内情を知ると、共産党の狙いを見抜き、民族運動が本来の自主独立の精神をとりもどせるよう動きはじめた。

やがて、組織は共産派と民族派に分裂する。第二次大戦前からのリーダーで、パオ農民のなかで農業振興策にもとりくんでいたウ・ラ・ぺの人望は厚く、多数のゲリラと村人が民族派についた。共産派は武力に訴えたが、民族派に反撃され、村人からの支援も失い、七五年には散りじりになった。かれらは、民族派のもとに帰ったり、政府軍に投降したり、シャン州北東部の共産党支配地域にのがれたりした。

しかし、その年の九月、カリスマ的指導者だったウ・ラ・ぺが病のため六八歳で死去する。残された者たちは失意と悲しみのなかから、民族運動の統一へと歩みを進めた。下ビルマのタトン地方出身者一五〇人からなるパオ民族解放軍が、カレン州からやって来て、シャン州のパオ人の運動に合流したのである。

かつてパオの王国が栄えたタトンでは、パオ人の子どもたちは、むかしビルマ王の侵略軍に追われた先祖が遠いシャン高原に住みつき、いまも固有の言葉と文化を守って生きる同胞がゲリラ戦士として闘っている、という伝説を聞かされながら育つという。タトンの若者にとって、シャン高原の同族に合流して闘うことは長年の夢だったのだ。

二つの組織はいっしょになり、一一世紀にスヴァナ・ブミ王国を滅ぼされて以来およそ九〇〇年目にして、平地に残ったパオ人と高原に移り住んだパオ人が手を結び、新しくパオ民族機構が生まれた。

なお、パオ人の人口はシャン州に約一〇〇万人、タトン地方を中心にビルマ南部に約五〇〇万人、と推定されている。

記憶の地層

古代に自分たちの国を滅ぼされて以来、パオの人びとは世代から世代へ、生命の連なりと自らの言葉や文化を絶やさぬよう、地にしがみつくように生きてきた。

そのためには、ビルマ王朝やシャンの土侯や軍部独裁のビルマ政府による支配に対して、抵抗をつづけてこざるをえなかった。

「もしそれをしてこなかったら、いまごろはビルマ人に同化されてパオ語を話す人間はいなくなっていただろうね」と、わたしが会ったゲリラも村人も語る。

ただ、その結果、多くのいのちが失われることにもなった。ゲリラの戦死者だけでなく、非戦闘員である住民のあいだにも犠牲者が出ている。ゲリラ部隊に志願したり、食糧や資金を寄付したり、政府軍の動向を知らせるなどして、抵抗活動を支援する住民への弾圧を、ビルマ政府軍がおこなっているからだ。

政府軍はゲリラと住民の関係を断つために、村人を強制移住させて無人地帯をひろげる作戦をとってきた。年ごとに地区を決めて、その中心地の村や自動車道路ぞいの場所に、周辺の村の住民を銃で威嚇して追い立てるのである。

家財道具の大半は置き去りにさせられ、家畜は政府軍に食べられたり、家も焼きはらわれたりする。さからったり逃げたりして、銃殺された村人もいる。あるいは、弾薬や米を運ぶポーターとして連行され、戦闘に巻きこまれたり、マラリアにかかったりして、死ぬ場合もある。

強制移住先では、柵にかこまれたところに急造の小屋が密集し、政府軍の監視下におかれて、自由も奪われる。これを軍事用語で「戦略村」という。過去にも、たとえば日本軍が中国で、イギリスが英領マラヤで、アメリカ軍が南ベトナムで、同じような対ゲリラ作戦をおこなっている。そして、人間の集団につきものの権力争いの結果、民族派と共産派の分裂に見られるように、ゲリラ組織の内紛で同胞が殺し合う悲劇も起きた。

こうして、内戦による長い死者の列が歴史にきざまれることになった。この地上から消えた人びとにまつわる思い出は、いま生き残っている人たちの心に少しずつ積み重なって、記憶の地層といえるようなものをつくりだしているのだろうか。一人ひとりの死者は時間とともに個性を消し去り、死者たちの連なりにとけこんでゆくのだろうか。そうなるともう、祖先と呼ぶしかないのかもしれない。

チャタロンの村はずれ、インドボダイジュの大樹の木蔭をくぐって、丘の上にある寺に行くと、女の人たちが祭りのときに遠来の客用に使われたお寺の布団を干していた。

板敷きの本堂の隅に、紙のかわりに扇椰子の厚い葉を乾燥させ、磨いた表面に鉄筆で文字をきざんで墨を流しこんだ、「ペーザー」(貝多羅)の束があった。長さ約五〇センチ、幅八センチくらいの短冊形で、何十枚も束ねてひもを通し、上下に板の表紙をつけている。一〇〇年以上古いものらしく、手垢にまみれた褐色のつやのある表面に、子蟹がならんだようなパーリ文字でお経が記されている。

どんな人が文字をきざみ、どれほど多くの僧侶や小坊主や村人が手にし、読みあげてきたのだろう。そして、これからも無数の人間がひもといてゆくにちがいない。考えただけで、気が遠くなりそうだ。

そして、その気が遠くなりそうな感覚のなかに、この地の人びとが積み重ねてきたいとなみを理解するための糸口も秘められているように思えた。感嘆の声をもらすわたしのそばで、壮年の物静かなお坊さんが微笑みをたたえている。

サルウィン河畔での別れ

シャン高原の丘と丘の重なりのなかにあるチャタロン村の朝、竹林と茅ぶき屋根の家々を霧が巻く。一番鶏のときを告げる声とともに起きた女たちは、囲炉裏の上の火棚に干していた稲籾《もみ》を、家の軒下にある踏み臼に入れる。木をくり抜いた臼は半分地中に埋められ、地面を少し掘った穴のそばにとりつけた丸太の端を踏んでは離すと、その先に付いている杵が臼のなかの籾を搗《つ》いて殻をこすりとる。ガタン、ガタンという単調な音にまじって、女たちの小さなかけ声と息づかいが聞こえる。

そして、脱殻した米と籾殻は竹で編んだ円い箕《み》に載せ、くりかえし煽って殻を飛ばす。残った米粒を釜に入れ水を満たし、囲炉裏の薪の火で炊く。やがて、香ばしく心なごむにおいが竹編み壁のすきまから流れてくる。

丘陵地帯には水量の豊かな川がないため、浅い谷間に田んぼが少しあるほかは、畑作をおこなっている。小麦、ニンニク、落花生、ダイズ、ジャガイモ、トウガラシ、センラー（ビルマ特有のきざみタバコを巻くためのクワ科の木の葉）などを換金作物としてつくり、牛車やトラックに積んで、シャン州の州都タウンジーやビルマ第二の都市マンダレー方面へ出荷する。米はもっぱら平野部の水田の多いシャン人やパオ人の村から買う。青天の下、地表の起伏を見晴るかす畑には、いつも人影があった。

三月二九日、村はずれのパゴダ（仏塔）の前に集結した部隊とともに、チャタロンを後にした。帰路も裏道から裏道へと、山中を抜けていく行軍だった。真昼も闇夜もただひたすらに歩いた。ビルマ共産党軍の動きについて、村人から情報が絶えずもたらされる。そのたびに、コースを慎重に選びながら進んだ。

四月四日、チャタロンを発ってから六日目の夕刻、部隊はサルウィン河の畔にたどり着いた。誰もが疲れきっていた。兵士たちの草色の軍服にふきでた汗が、塩の結晶となってこびりつき、白い斑《まだら》の模様を描いていた。

「ほんとにきつい旅だったでしょう。もうしわけない気持ちでいっぱいです。でも、これがシャン州の現実なんです。あなたたちもそれを体で感じとり、覚えこまれたことと思います。いつか旅の記憶が心のなかに根を下ろし、木のように育って、きっとふたたびわたしたちパオの村々を訪ねたくなるのではないでしょうか。決して忘れずに、また来てください。今度は、馬に乗って楽な旅ができるようにしておくつもりですから」

日本人を国境地帯まで安全に送るという重責と危険な行軍によって緊張を強いられ、頬がすっかりこけてしまった指揮官のトン・ジー少佐が、砂地にすわりこんだわたしたちに語りかける。

別れの時がやって来た。対岸から迎えのボートが渡ってくる。親しくなったゲリラたちと握手を交わす。部隊はここで夕食をとったあと、サロン村付近にいるらしい共産党軍に夜襲をかける計画だという。

サルウィンの流れは夕陽を受けていた。ボートが岸辺を離れる。兵士たちがならんで手を振っている。「無事でいてくれよ!」と、心のなかで叫ぶ。すぐに、ボートは本流のうねりに乗って大きく揺れだした
シャン州で今日も銃声が響き、誰かが血を流したかもしれない。乾ききった大地の上に流されるその血は、いったいどんな意味を持つのだろうか。戦死した黒いカウボーイ・ハットの兵士の面影が目に浮かぶ……。

いつのまにか、すべてが暮れてゆく影絵の世界に転じようとしていた。

ある大佐の死

シャン高原への旅から帰ったあとも、一九七八年九月、七九年三月、八二年一〇月、八三年一二月と、わたしは、シャン州の南端、タイ・ビルマ国境から歩いて半日たらずの山間にある、パオ人の村とゲリラ・キャンプを訪ねた。いずれも一週間から二週間の滞在だった。

そのたびにひしひしと感じたのは、内戦下の国で日々を送らざるをえない人びとの生死のゆくえの推し量りがたさ、はかなさである。見知ったゲリラたちが、次に訪ねたときにはもう亡くなっている、と知らされることを毎回のようにくりかえした。

前に会ったときは、寡黙であれ饒舌であれ、その人なりのたたずまいで接してくれた相手が、知らぬまにこの世からいなくなっている……。もちろん容易に信じられることではない。かれらが健在なときの面影ばかり記憶に新たであり、最期の姿など想像できないのだ。

彼はかようなわけで亡くなった、と声低く告げられても、驚き、とまどうしかなかった。何よりもまず、戦死した例をのぞいて、死にいたった理由・事情がほとんどの場合、不可解なのである。

たとえば八〇年雨季に、パオ民族機構の副議長をつとめていたオン・カン大佐が、ビルマ政府軍に内通したことが発覚して、処刑されるという事件があった。

彼は、政府軍と共産党軍の両方を敵に回して戦うのは困難であるから、この際、政府軍と和平を結び、その力を借りて共産党軍に対抗した方がいいと考え、ひそかに政府軍と連絡を取り合ったのだという。

しかし、それは大佐の独断であり、民族自治権運動を弾圧している政府軍との秘密交渉は裏切りに等しいあやまちだ、とパオ民族機構の中央委員会では断じられた。そして、彼は解任された末に銃殺刑を宣告された。そうしなければ逃亡して、政府軍に投降し、ゲリラ組織内部の情報を売り渡すおそれがあったのだという。

それを聞いたとき、何もそこまでしなくてもいいのでは……、と感じた。大佐のしたことは民族運動の瓦解を招きかねない利敵行為といえるのかもしれないが、長年の同志を銃殺するという苛烈さには言いようのない違和感と恐れのようなものをおぼえた。もしかしたら組織内の権力闘争もからんでいるのではないか、と推測したりもしたが、事の真相を知るすべはなかった。

処刑された大佐とは、「パオ民族の日」の祭典で知り合った。当時四二歳、小柄で無口な、どこか学校の用務員を思わせる印象の人だったが、聞くところによれば、戦場では沈着果断、政府軍にも恐れられるほどの指揮官らしかった。たしかに、口もとはほころんでいても、眼鏡の奥の目は時おり人を射抜くような底光を宿していたと記憶している。

チャタロンにある彼の家で朝食をごちそうになったとき、村の未婚の男女が集まって銅鑼や太鼓を鳴らし、踊りながら、求愛の掛け合い歌を交わす、サカという「歌垣」をしてみせてくれた。上代のむかしに通ずる恋のおおらかさと若者たちの熱気に満ちた家の中で、大佐はなごやかな表情を浮かべていた。

その同じ人物がなぜ政府軍に通じようとしたのか。彼なりの信念があってのことだろうか。それとも、やはり裏切りだったのか。わたしにとって、大佐の死は謎につつまれたままだ。

非業の最期をとげて

シャン高原への旅で共に乾季の山野を行軍した兵士たちのなかからも、何人もの死者が出た。たとえば、ひとりは休暇で生まれ故郷の村に帰っていたときに、政府軍部隊が侵入してきたので応戦し、そこで銃弾に倒れたという。

悲しい知らせだったが、自治をめざす闘いに志願した結果、戦場に果てたのだから、ある意味で本望だったといえるかもしれない。ところが、次のような事例を聞かされると、より無残に思えてならなかったし、むなしさにとらわれるのだった。

七八年四月にサルウィン河畔で別れたときの部隊にいた二人の兵士が、その四ヵ月後、ささいなことから口論をし、激昂した年下の方があろうことかそばにあった銃の引き金を衝動的に引いてしまったのだという。かれらの年齢は二十歳すぎと二十代の後半だった。

僚友を射殺し軍律を犯したその兵士は逃亡した。逆上していたのであろう、シャン高原の自動車道路に出て、通りかかったトラックの運転手を撃ち殺し、金を奪った。

その足で、共産党軍に寝返ろうとし、共産党軍部隊がいる山地に向かったが、途中の村でむかしの友達と会い、胸の内をおさえきれずに事の顛末を語った。しかし、むかしの友達というのがパオ民族軍の元ゲリラで、その兵士の裏切りをゆるすことができず、彼を取りおさえようとしたところ抵抗されたので、結局、射殺してしまったのだという。

それにしても、いったい何が、その兵士をそこまで暴走させ、また、むかしの友達をして以前の仲間を撃ち殺すという極端な手段をとらせたのだろうか……。銃がいつも身近にある軍隊という男たちの集団に特有の事件だったのか。

内戦が打ちつづくなか、射殺し射殺されという人の死が日常の延長線上にいつも立ちあらわれていて、個人と個人の対立までもいったん火がつけば、極端な結末に向かって沸騰せざるをえなくなるような意識構造が、男たちの内面に知らぬまに埋めこまれてしまっているのだろうか。わたしにはわからないことばかりだった。

さらに、旧知のゲリラの悲報はつづいた。

チャンダーという名前の兵士は、七九年ごろに除隊したあと、国境に近いパン・ンゴー村に住みつき、ある娘と所帯を持って焼畑をいとなみ暮らすようになっていた。こぢんまりした家が二〇軒ばかり、松林のある山腹にならぶその村は、もともとサルウィン河の向こう側の山地に住んでいた人たちがつくった新しい集落である。

七八年の雨季七月、ビルマ政府軍の強制移住作戦によって住みなれた村を追われた二六世帯約一二〇人のうち、「戦略村」に収容される前に逃げることができた一一家族が、着の身着のままサルウィンのこちら岸に渡ってきて、安住の地を見いだしたのだ。国境地帯の同胞の村に難民として身を寄せたあと、陸稲の種籾などを分けてもらい、新たに焼畑を開いて村づくりをおこなったのである。

そのころ、国境地帯の部隊にいたチャンダー君は、難民だった女性のひとりと知り合い、何かと親身に相談に乗ったりして、彼女とその一家を励ましてあげたらしい。やがて二人は恋仲になり、彼の除隊が認められたあと結婚した。

八二年の一〇月にパン・ンゴー村を訪れたとき、彼の家で囲炉裏をかこみ、米の焼酎と鹿の干し肉と落花生をごちそうになった。屋内は居間兼台所と寝間の二部屋だけで、鍋釜と毛布と衣服を入れた竹かごなどわずかな家財道具しか見当たらなかったが、チャンダー君は焼畑の草取りや狩りに精を出し、子供も生まれ、気丈そうな奥さんといっしょに農民としての毎日をひたむきに送っている様子だった。

かつて祖先たちの王国があったビルマ南部のタトン地方出身である彼は、シャン州に来てゲリラ兵士として闘い、いま土地の娘と結ばれて、これから山の村で一生をすごす心づもりでいた。おそらくタトンに帰ることはないだろう、と言い、今年は焼畑の稲やアワやダイズなどのでき具合もよさそうだ、といつものひかえめな口調で語るのだった。

ところが、一年あまりたってパン・ンゴー村を再訪したら、チャンダー君はすでに帰らぬ人となっていた。

彼は、焼畑の収穫が終わってから、年が明け、乾季の最も暑い時期になりかけたころ、知り合いの国境交易商人に誘われて、タイから衣類やゴムサンダルなどをシャン州に運んで売る担ぎ屋のグループに、一時的に仲間入りしたらしい。農閑期にいくらかの現金を稼ごうと考えたのだろう。

しかし、それが運命の分かれ目だった。彼が加わったグループはサルウィン河を渡り、目的を果たしてもどってくる途中、共産党軍のゲリラ部隊に出くわした。意外にもそのなかに、チャンダー君がパオ民族軍の兵士だったことを知る者がいて、彼は敵のスパイにちがいないと、あらぬ疑いをかけられた。

チャンダー君は、いまは兵士をやめており、スパイでも何でもない、と懸命に疑いを晴らそうとした。だが、パオ民族軍を「反革命分子」と決めつける共産党軍は、問答無用とばかりに彼をしばりあげ、サルウィン河の畔で銃殺してしまったのだという。

そのことは、もどってきた担ぎ屋たちの口から村人に知らされた。遺体はどうなったのかわからない。遺品のなかに、妻と子のために買った晴れ着があったという。チャンダー君の妻が受けた心の衝撃と悲痛はいかばかりであったろう……。不意に理不尽な暴力による災厄が、夫のいのちを奪い、家族の日常と未来を打ち壊したのである。

わたしもそれを聞いて、言葉を失う思いだった。すっかり山里の暮らしにとけこんで、これからというところだったのに、いったいなぜ彼が殺されなければならなかったというのか……。人の生死の足もとはこんなにも危うく、脆《もろ》いものなのか……。

幾人もの若者たちの生を呑みこんでなお黒々と口を開けている、政治と戦争の非情な連鎖。大河の畔で木にしばりつけられ、銃口を突きつけられて、今際《いまわ》のきわに彼の胸中をよぎったものが何であったか、むろん誰も知ることはできない。

死者たちの面影

こうしてシャン州を何度も訪ね、次々と訃報に接するうちに、わたしの心のなかにもこの地上から消えた人びとについての記憶が積み重なっていった。

かれらの最期は見ていないせいか、脳裡によみがえってくるのは当然、死の影など感じさせない顔や姿ばかりである。あの人が、この人が、本当にもうこの世にいないとは到底信じがたい。

しかし、かれらの死は事実であり、個々の記憶がわたしのなかで更新される機会は永遠にないのだ。そう理解してみると、死者たちの面影はいわば中途半端な円さのまま、満ちるも欠けるもかなわなくなって、虚空に白々と凍りついたように光る月みたいに思われてくる。

だが、満ちも欠けもしない月などありえないのだから、やはりかれらの面影はたしかにもう死者の面影であり、あの世に属する像なのだ、と奇妙な納得の仕方をしている自分がいる。

よく考えてみれば、戦場に身をさらしていたかれらなのだから、いくら精気にあふれた横顔をしていようと、おおどかな笑みを浮かべていようと、そこに一抹の死の影がさしていないはずはなかったのだ。

わたしがただそれに気づかなかっただけのことで、内戦の国では、誰がいつ、虚空に凍る満ち欠けをやめた月のような面影を残したまま、消えてしまってもおかしくはない。誰が先で誰が後かは、偶然の問題にすぎないのだろう。

自分はかれらのことをほとんど何も理解していなかったのではないか、という思いに駆られたとき、とりかえしのつかない悲しみの感情が寄せてくるのを知った。かれらがなぜ、この国のこのような時代に生まれ合わせなければならなかったのか、答えられる者は誰もいない。

ふたたび、黒い帽子の死者

シャン高原への旅から七年たった八五年三月、わたしはタイ・ビルマ国境を出発し、ビルマの一番北にあるカチン州へと歩きだした。カレン、カレニ、カチン、シャン、パオ、パラウン、アラカン、モンなど少数派の諸民族の民族組織による統一戦線、「民族民主戦線」(NDF)のゲリラ部隊に同行して、シャン州を北上した。

何十年にもわたって、おびただしい数の人間がその渦中で傷つき、倒れ、死に果ててきた、ビルマの内戦の現実深くさらに分け入ってみたかったのと、山や高原の村々で連綿と生き死にを重ねる人びとの心の根にもっとふれたかったのが、長い旅に出た理由だった。

カチン州に着いたのは八五年の一〇月末。中国雲南省との国境近くにある、カチン独立機構の本部で年を越し、ビルマを北から南に流れる大河イラワジの西側に渡った。

八六年の三月半ば、イラワジ河の支流にあたるチンドウィン川水系流域に樹海がひろがる、フーコン地方に足を踏み入れた。季節は、目眩《めくる》めく白光と化した太陽が空も地も焦がす、乾季の盛りになっていた。

ちょうどそのとき、総勢二七〇人近い兵力のカチン独立軍ゲリラ部隊が、ビルマ政府軍部隊を待ち伏せするという大がかりな作戦にとりかかっていた。わたしはその戦闘を目撃すべく、ゲリラ部隊といっしょに、チークやフタバガキなど熱帯の樹木が茂る森の底にひそんだ。

三月二二日、朝の空気を裂いて最初の銃声が走った。その残響が朝もやの消えた密林に吸いこまれると同時に、軽機関銃のたたきつけるような連射音が響いた。ビルマ政府軍部隊が廃村跡の草地に入ってきたところを、待ち伏せていたカチン独立軍ゲリラが奇襲したのだ。わたしは草地の背後の森で、看護兵や通信兵のグループとともに息をこらして戦闘のゆくえを見守った。

政府軍も反撃を始める。近距離から発射され、山なりの曲線を描いて落ちてくる迫撃砲弾が炸裂し、地響きを立てる。銃火が交わり、ほとばしり、弾音が熱く乾いた空気を切ってゆく。一二・七ミリ重機関銃のうなりが森を震わせる。

砲弾の破片にやられた負傷兵たちが担架で運ばれてくる。胸や足を染めた鮮血が木もれ日の光に照り輝く。看護兵が素早く消毒と血止めの処置をして、化膿を防ぐ薬草を傷口に当て包帯を巻く。傷を負った兵士は焦点の定まらぬ目をして、痛みに耐えている。血と汗と土のにおいがする。生なましい血糊を目のあたりにして、戦慄が皮膚の内側を這いのぼってくるのを感じる。

昼すぎ、政府軍は退却しはじめたとの報が入る。草地に出ると、硝煙と土埃のにおいが草いきれにまじっていた。樹間にかくれる赤土の小道の先で、銃声がなおもはじける。ゲリラ側の追撃砲が追い討ちをかけるように発射される。砲撃音が耳をつんざく。

日が西に傾いたころ、銃砲声はやんだ。政府軍は十数名の戦死者を残して去った。草むらに倒れた死体からはかすかな屍臭がして、血糊には蠅や蟻が寄っていた。硬く伸びきったままの手が宙に突き出ている。

カチン独立軍の戦死者は一名、負傷者は八名だった。ただひとりいのちを失ったゲリラ兵士の名はブラン・オンといい、紅い花の咲くデイゴの木の下に埋められた。仲間たちが黙祷をささげる。黒いカウボーイ・ハットが遺品だった。

遠くで、手長猿の叫び声が聞こえている。みぞおちに何か重いものがつかえているようで、ひどく渇きをおぼえた。全身が空洞みたいに感じられ、思考力が溶けてしまいそうな気がした。

夕方、部隊は近くの村へと移動し、そこに泊まることになった。夜、なかなか寝つけぬまま、頭のなかでは、銃声の残響とともに、負傷兵の血潮の色や、戦死した政府軍兵士のうつろな見開いたままの瞳や、死体の軍服の黒ずんだ血に群れる蟻や蠅など、今日目撃した光景が浮かんでは消え、消え去ってはまたあらわれた。

そして、死んだゲリラの遺品が血痕のついた黒いカウボーイ・ハットだったことに思いいたったとき、はっとある事実に気づいた。八年前、乾季のシャン高原への旅で、パオ民族軍のゲリラ部隊がビルマ共産党軍と衝突し、パオ人の兵士がひとり戦死したが、彼がかぶっていたのもたしか黒いカウボーイ・ハットだったではないか……。しかも、あの日も三月二二日だったはずだ……。

わたしは横たわったまま、まじまじと闇を見つめた。いったい、何という偶然だろう。あれから八年後のちょうど同じ日に、またも黒い帽子をかぶった兵士がいのちを落とす現場に居合わせようとは。

胸の鼓動が速まってくるのがわかった。八年前の三月二二日に死んだ兵士と今日の戦死者は、ひょっとしたら同一人物なのではないかというおかしな考えが湧いてくる。あの兵士は消息を絶っただけで死んではおらず、別の場所で別の名前で生きのびていて、今日こそ本当に死んだのであろうか。いや、彼はよみがえって遠い土地に姿をあらわし、わたしが来るのを待っていて、もう一度戦場に倒れたのかもしれない。

むろん、それらは妄想にちがいない。しかし、おそろしいほどの偶然の一致が心をかき乱し、同じ日付の戦死者二人についての暗合が持つ意味を考えさせずにはおかない。黒い帽子の死者たちは、わたしに何かを伝えようとしているのではないか……。

土に還る

三日後の昼間、わたしは樹海の道を行く象の背中に揺られていた。作戦を終えて基地にもどる部隊の、米袋を積んだ象の荷かごに乗せてもらったのだ。風はなく、森には熱気がこもっている。戦闘があった日の翌日、政府軍兵士の死体はまだ埋めるひまがなかったようだが、いまごろはもう、あの近くに残った一部のゲリラと村人の手で埋められているはずだ。

戦場に埋葬された黒いカウボーイ・ハットの兵士の肉体も政府軍兵士たちの肉体も、やがて地中で微生物によって食べられ分解されながら腐敗し、さまざまな元素の無機物と化し、骨だけを残して、土壌のなかにとけこんでゆくだろう。つまり、土に還るのである。

その土壌から植物は窒素などの無機物を吸いあげて生長する。死者を肥やしにして草や木は生い茂り、花を咲かせ、実をつけるのだ。それら草木の葉と実と花の芽と根茎を、鳥や猿や猪や象などが食べる。そして、動物たちの死骸もまた土に還る。自然の有機物と無機物の物質循環のなかにとけこんでいくのである。

フーコン地方は第二次大戦中、日本軍と連合軍（アメリカ軍、中国軍、イギリス軍）が激戦を交わした土地でもある。いまもあちこちに当時の遺骨が残されている。さらに、ビルマ独立後は内戦がつづき、戦死者の多くがやはりこの地の土に還っていった。

あの一人目の黒い帽子の死者は、シャン州の山間で土に還った。二人目の黒い帽子の死者は、カチン州の森でこれから土に還ろうとしている。これまで、ビルマ全土でいったい何人の戦死者たちが同じような道をたどったことだろう。いや、そもそも戦場に果てた者だけでなく、あらゆる死者という死者がくりかえし自然の物質循環のなかにとけこんでいったのだから、考えただけで気が遠くなりそうだ。

そうすると、同じ日付の、同じ命日の黒い帽子の死者たちは、万人がのがれえない生死の事実を身をもって示してくれているのかもしれない。

だが、二人には名前も個性もあり、家族や友人や恋人もいたし、生まれてこのかたたどってきたそれぞれの人生があった。その人生の時間が戦場で不意に絶ちきられたのである。かれらはまだ若くして、縁ある人たちの心に悲しみを残して、この世を去った。

なぜ、かれらが八年の歳月をへだてて同じ三月二二日に、戦場でいのちを失うことになったのか。どうしてほかの人間ではなく、またわたしではなく、かれらだったのか。二人の死はどのような意味を持つのだろう。大地に還っていったという言葉だけで、かたづけられないものがあるはずだ……。

象の背中は不思議なほど心地よい揺れ具合で、いつのまにかうとうとしてしまう。だが、木の枝や竹に頭をぶつけると危ないので、眠気をさまそうとして考え事をする。それでも、やはり睡魔に襲われて、意識が周囲の緑にとけこんでしまいそうになる。

森の底に木もれ日の光の束がさしこんでいる。樹木や草むらの緑に斑模様に散ってゆらめく光が、どこか遙かな場所からとどいてくるものとして感じられた。

森からの恵み

それから三週間後、カチン州北部、イラワジ河の上流地帯にあたる山地に足を踏み入れた。標高千数百メートルの山腹や尾根に点在する村々（数戸から数十戸まで大小の集落がある）では、主に焼畑農業をいとなんでいる。水田は所どころの谷間に棚田が見られるぐらいだ。

乾季の二月ごろ、村人たちは山の斜面にある林を伐り開く。倒された木や竹が乾燥しきった四月、火を放って焼きはらう。地面に残った灰は天然の肥料となる。四月下旬から五月中旬にかけて種まきをする。陸稲を中心に、アワ、トウモロコシ、ゴマ、ダイズ、アズキ、トウガラシ、ウリ、トウガン、カボチャ、サトイモなど、いろんな穀物と野菜を栽培する。

六月から雨季に入ると、作物は次つぎに伸びてゆくが、雑草も生えるので、草取りに精を出さなければならない。九月下旬には早稲《わせ》が実り、やがて中稲《なかて》、晩稲《おくて》と熟れていって、一一月の雨季明けとともに稲刈りをする。

焼畑は一年ごとに場所を変えては伐り開く。各村に一二ヵ所くらいの焼畑用地があって、順ぐりに場所を移してゆく。木は肩の高さから上を伐り倒し、大木なら幹分かれしているところから上だけを伐る。すべての木を伐ってしまわず、手つかずの木をまばらに残しておく。

そうすると、高温多湿の風土のため、焼畑跡にはまた草木が生い茂り、一〇年あまり後には山林が再生する。同じ用地での連作は、森林破壊と地力の低下と土壌の流出につながるのでおこなわない。焼畑用地のまわりには原生林も残っている。

こうした伝統的な焼畑農業は、森を伐採して焼いた開拓地に農場や牧場をつくる開発型の農業とは異なり、生態系に適したものである。そこには、先祖から伝えられてきた、自然とともに生きる暮らしの知恵が活かされている。

この焼畑を中心とする山村の自給自足の生活は、森からの恵みによって成り立っており、人びとの世界観や死生観も森との関わりのなかでつちかわれてきた。

焼畑は森の一角を伐り開き、そこを一年間だけ農作物を育てる場として使う。その年に食べて生きるのに必要なだけの食糧と次の年用の種や籾を収穫すれば、その場所を開いた目的は達せられる。

自然に対して人の手を加えてつくりだす焼畑という場は、いわば森から一時的に借り受けた空間であり、生きてゆくために必要な分の糧《かて》を得たら、その場所は閉じて森に返す、という節度に基づいている。毎年、同じ場所で連作したり、無軌道に森を伐り開いて農地をひろげたりすれば、いつか土地も痩せ、森林も減ってしまい、結局は生活の基盤がくずされてしまうことを、村人たちはよく知っているのである。

森にはまた、竹の子やワラビやヤマイモなど食べられる野生植物と、キノコなどの菌類も豊富に生えている。クジャクヤシなど椰子科の木の幹からは食用の澱粉質も取れる。人びとは、森に住む鳥や獣を狩り、谷川で魚を取り、蜂の幼虫など食べられる昆虫も取って、食料にしている。さらに、家の建材や竹細工の材料、燃料にする薪、生薬などにも、木と竹と草を利用している。きれいな川の水も深い森があればこそだ。

少年の魂と山中他界

しかし、毎年森を伐り開いて作物を育てる焼畑農業は、体力と根気を要し、決して楽とは言えない仕事である。たとえば雨季のあいだ、急な斜面での草取りは大変だ。雨や霧や露や雨上がりの雫に体はぬれるし、蚊とかブヨにも刺されて血を吸われる。この時期、狩り、薪拾い、竹の子掘り、キクラゲ採りなどのために森に入れば、体がびっしょりになる。

また、雨季の真ん中は、前年の焼畑で収穫して貯めておいた米が底を尽きかけ、しかも今年の焼畑ではまだ稲が実らない、という端境期《はざかいき》にあたり、村の食糧事情は苦しくなる。そのため、米にトウモロコシや野生のイモやクジャクヤシの澱粉質のさらし粉などをまぜて炊き、米の量を節約しなければならず、腹いっぱい食べられない。

こうして村人の体力は落ち、疲れもたまり、マラリアにもかかりやすくなる。雨季に入る前に会った人と雨季が明けてから再会して、別人のようにやつれた姿に驚かされることもある。毎雨季の、特に端境期の峠を越すためには、誰もが苦労を強いられる。

その雨季を北部山地ですごした。雨雲が山と谷の上空をおおう九月初め、山腹に茅ぶき屋根の家が一〇軒あまりならぶノ・ラーン村で、ひとりの少年が亡くなり、アニミズム（精霊信仰）に則っておこなわれた葬儀にわたしも参列した。少年はラピェー・ノーン・マイという名で、歳は六つくらいだった。一週間近くマラリアの悪寒と高熱と嘔吐に苦しみ、衰弱した末に死んだのだという。

夜、ラピェー家の暗い屋内には弔問客が集まり、囲炉裏の炎が揺れていた。沈黙のなかに、すすり泣きと低い話し声がまじる。遺体は木をくりぬいた小さな柩《ひつぎ》におさめられて、壁ぎわの竹台に安置されている。親戚の老女と婦人が両手を竹の床につき、肩をふるわせて哭《な》いた。

「……ああ、ついこのあいだ、いっしょに焼畑へ行ったじゃないか。おまえは笑いながら前を駆けていった。おまえは石弓を射って鳥追いをし、わたしは草取りをした。もうすぐ稲も実り、腹いっぱい食べられるというのに、どうしておまえはいなくなってしまったんだい。どうか起きあがっておくれ……」と、老女は涙にむせびながら嘆く。

奥の部屋で、「頭を起こす《ボー・シロット・アイ》」という儀礼が始まった。初老の男性である精霊信仰のドゥムサー（祭司）が、少年が息をひきとった寝床の枕元にすわり、しわがれ声で儀礼の言葉を長ながと唱える。そばには、眉間にしわを寄せ沈痛な面持ちの父親と目を真っ赤に泣きはらした母親がいる。

「ノーン・マイよ、おまえはやはり死んだのだ。死は何も特異なことではない。見よ、草や木、グンバー草やキンサー樹やワラー竹など、すべての草木もいつかは死ぬ。死ぬのはおまえだけではない。遠い祖先の時代から、誰もが死に、死霊となり、祖先発祥の山にある祖霊の地へおもむき、祖霊となってきた……」

祭司は、まだ臨終の床で途方にくれているであろう少年の魂に向かって、死は生きとし生けるものすべてに訪れる自然なことだ、と教えさとす。これから、御先祖さまの待つ山の中のあの世、山中他界へ行きなさい、とやさしく語り聞かせる。現にもう、この家まで祖霊が迎えにきているらしい。この儀礼が終わると、死者の魂はやっと寝床を離れて、柩のところへ移るという。

葬儀はいくつもの儀礼を経て、三日間つづいた。雨が降ったりやんだりした。晴れ間がのぞくと蒸し暑かった。最後の日の午後、柩は村人たちにかつがれて家を出、雲の裂けめからもれる陽を受けながら村はずれの林に運ばれた。

草やぶを伐り開いた埋葬場所には、穴が掘られていた。母親が最後まで柩にとりすがって泣く。やがて、柩は地中に埋められた。その上に竹と木の葉で円錐形の墓が建てられた。カチン人に墓参りの習慣はない。墓に霊魂が宿るわけではないからだ。墓は朽ち果て、草木におおわれてゆく。

夕闇にひたされ始めた家のなかで、死者の魂を祖霊の地へ送る儀礼がおこなわれた。祭司が、ラピェー家の先祖がむかし住んでいたという、北東に歩いて四日かかるウンタン山への道筋を唱える。少年の魂は実際にある山道をたどり、あの世との境「水浴び川」でこの世の塵やにおいを洗い流したあと、山中他界へ入ってゆくのだ。そこには、現世と同じように村があり、祖霊たちが焼畑をしながら暮らしているといわれる。

外に出ると、西の夜空に弓なりの月が浮かんでいた。東には山脈の影がそびえている。山の奥のあの世へと、ひとり歩む少年の魂に向かって、「迷わずに行くんだよ」と、心のなかで呼びかけた。

自然のめぐりのなかへ

その後、何度も少年の魂のゆくえについて考えた。いや、この世から消えた少年その人のゆくえと言った方がいいかもしれない。祖霊の地とはどこなのか、山中他界とは何なのか。そしてそれは、戦死したり、処刑されたり、喧嘩で射殺されたりしたゲリラ兵士たちが、どこへ消えたのかを考えることともつながっていた。

わたしは焼畑を手がかりにして考えていった。焼畑では、村人は木や草を伐って焼き、その灰を肥やしにして作物を育てる。火入れのときには逃げ遅れた蛇や鳥や虫なども焼け死に、やはり肥やしとなる。草取りのときは、生えてきた雑草を容赦なく抜きとる。

焼畑はいわば、植物と動物の死とひきかえに食糧がもたらされる場であり、収穫が終われば森に返される。やがて新しい木と草が生え、そこは森のふところにもどってゆく。

人びとはまた、森に分け入って食用の野生植物や虫を採集するし、狩りもして野生動物を捕食する。しかしかれらも、熱帯・亜熱帯の森の風土病であるマラリアで病死したり、老衰や怪我や水の事故で死んだり、毒蛇や虎や猪に襲われて死んだりすれば、村はずれの林に土葬され、土に還り、ほかの動物の死骸と同じように植物の養分と化す。

人間もたしかに自然の食物連鎖と生命連鎖と物質循環のなかにふくまれているのだ。ずっと古くから人も草木虫魚鳥獣も、山地の自然の連鎖と循環のなかで、生まれ、生き、死に、そして生まれをくりかえしてきている。

村人の肉体は、最終的には大地に還り、山の森のなかにとけこんでゆく。死者の魂が祖霊の地

・山中他界におもむくという信仰も、その事実に根ざしているのではなかろうか。山の中のあの世・祖霊の地とは、いわば自然の物質循環の象徴であり、この世の山の森そのものとも言えるのではないか。

祖霊はいつも子孫を見守っており、豊作を祈る祭りや儀式のときには山中他界から村里に招かれて子孫に幸をもたらし、祭りが終われば山中他界に帰っていくという。これは、古くから日本の農山村にも見られる祖霊信仰と山中他界観にそっくりだ。祖霊とは、わかりやすくいえば御先祖ということである。一人ひとりの死者はいつか名前も個性も消し去り、死者たちの連なりにとけこんで祖先となるのだ。

遠い過去から、生まれて生きて死んでいった人たちがいたからこそ、世代から世代へ生命のつながりが受け継がれ、いま生きている人間が存在している。死者がいるから生者もいると言ってもいい。

それは、すべての動植物の死と生に関してもあてはまる。また、動物（もちろん人間もふくまれる）の死骸が大地の微生物によって無機物に分解され、その無機物を植物が吸いあげて自らのなかで有機物をつくりだし、動物に生きる糧をもたらす、という自然の物質循環の摂理とも照応する。

死は生を産み、生は死にいたり、死はまた生を……、と廻りめぐる。だから、祖先というとき、死んでいった無数の人びとだけではなく、すべての死せる動植物たち微生物たちもそのなかにふくまれると思う。そのおかげで、わたしはいま生きているのだから。

日本の古代において、死者の霊魂がおもむく他界であるとともに、万物の根源の地でもあると考えられていた「根の国」とは、実は、有機物と無機物の混沌たる物質循環がくりかえされ、あらゆる死と生が廻りめぐる、自然そのもののことではないかと思えてくる。

この地上から消えた人びとのゆくえは、おぼろげながらわかってきた。しかし、一人ひとり一回きりの人生を確かに歩んだその時間と思いの重さと、生き死にの意味など、すべてをふくんだ魂のゆくえについては、いまだ考えきれない。

ともあれ、いま生きているわたしたちも、いずれは「根の国」へ、自然のめぐりのなかへとけこんでゆく。

越境者外伝

アジアの国々を旅していると、実に多くの人間たちがパスポートなど持たずとも国境を越えて移動したり、住み着いたりしている事実にふれる。私はビルマとその隣国で、亡命者、義勇兵、未帰還兵、難民、移民、密輸商人など、いろんな越境者たちに出会った。

かれらの人生の足跡は、時代ごとに転変する状況に左右されながらも、生きのびよう、志を遂げよう、と現実のなかでもがく人間の姿を映しだし、どのようなかたちで最期を迎えるにせよ、人間の運命の不思議さについて考えさせてくれる。

密輸商人の宿

もうかれこれ一九年あまり前になるが、インド東部の中心都市カルカッタで、チベット人経営の一風変わった安宿に泊まったことがある。経営者も従業員も、もとは中国共産党に支配されたチベットからの難民だった。

一階はひなびた雰囲気のチベッタン・レストランで、オフィスと称する部屋にはタイプライターが何台もあり、チベット仏教と政治の最高指導者ダライ・ラマの肖像写真が額に飾られていた。チベット独立運動の拠点のひとつだという噂があった。

二階には五、六人用のドミトリーとツインの部屋がいくつかならんでいた。そこは、ビルマと国境を接するインド東北部のミゾラムやマニプール州などから来た客の定宿になっており、肌の色は浅黒いが、日本人とも顔つきの似たモンゴロイド系のミゾ人の男たちが長逗留していた。

鋭い目をした二十歳前の若者から貫禄のある壮年の男性までいて、柄物のワイシャツとジーンズなどを着、みんな商人だと名乗った。このホテルに外国人旅行者が宿泊することは滅多にないらしく、一泊五ルピーのドミトリーに泊まった私は物珍しがられて、かれらと親しくなった。

「ミゾラムとビルマのチン州のあいだには渓谷があって、そこが国境になってるんだ。しかし、川の水はインド側とビルマ側の両方の山から流れだして、いったんミゾラムのなかを通って南に向かったあと、ビルマ領内に入って、最後はインド洋のベンガル湾にそそぐんだよ。川の両側は森におおわれた山また山でね、その山と谷をぬって道がいくつも通っている。ほとんどが険しい山道だ。自動車道路は一本しかなくて、六月から一〇月までの雨季にはぬかるんで悪路になる。でも、人の往き来は盛んなんだ。というのは、ミゾ人もチン州に住むチン人も元はといえば同じ民族だからね。国境があっても山や川や森がつながってるように、村と村、人と人もつながりがあるというわけだ。現に、ここにもビルマ側から来た若い仲間がいるしね」

物腰のやわらかさのなかに世間智と意志の固さがのぞく、壮年のリーダー格の男が確かな発音の英語で話す。

かれらがあつかう商品は宝石だ。ビルマはルビーとヒスイの世界的産地だが、インドで高価に売れるのはルビーである。もちろん、インドを経由して欧米や中東や日本にも取引されていく。ビルマ中部の都市マンダレーの北東の山間にモゴックというところがあり、官営の鉱山がある一方、盗掘も盛んで、掘りだされたルビーは密輸商人の手で国境を越えてインドに持ちこまれるのである。

つまり、かれらの仕事は宝石密輸商というわけだ。いまはカルカッタで商談中である。ミゾ人の男もチン人の男も、自らの母語のほかにヒンディー語やベンガル語やビルマ語や英語をあやつる。パスポートもヴィザもなしに歩いて越境し、トラックとバスと汽車を乗り継いで、西はボンベイ、東はタイ・ビルマ国境の町まで出かけている。チン人はインドの、ミゾ人はビルマの、身分証明証を役人に賄賂を渡して手に入れているのだ。なぜ密輸をするのかといえば、やはり金になるからだが、そうせざるをえないような事情も背景にはあった。

独立を夢見て

ビルマでは一九六二年のクーデター以来、多数派のビルマ人中心主義に基づく軍部独裁の政権がつづいていた。政府はビルマ式社会主義を掲げて、計画経済路線と外国からの投資を受け入れない鎖国経済政策をとっていたが、工業生産力は低下するばかりで、物資はいつも不足していた。

それを補ったのが、隣国のタイとインドと中国からの密輸である。都市や町には公然と闇市が軒をならべ、雑貨、衣料、電気製品、医薬品などありとあらゆる品物が売られていた。当局も黙認せざるをえなかった。工業製品が密輸入されるかわりに、宝石、チーク材、米などが密輸出された。

密輸の元締めは中国系の華僑やインド系の印僑だが、国境地帯に住むチン人やカレン人など少数派の諸民族も関わるようになり、街にいても職がない青年たちが物資の担ぎ屋や宝石の運び屋になった。資金がたまると、自らも宝石の売買にたずさわった。そしてインド側に住むミゾ人も、インドでの販路の開拓と維持に関係するようになったのである。

国境の枠組みを越えて移動し、商いをするかれらは、国家の庇護などもちろん当てにしてはいない。第一、かれらにとっては、ビルマであれ、インドであれ、心から祖国と思え、自分たちがその一員だという国民意識を抱けるような国ではないのが実情である。チン人の宝石商人のひとりは、時おり思いつめたような眼差しになりながら、こう語った。

「州といっても名ばかりで、自治権なんかないんだよ。ビルマ政府が軍の力で、少数民族をおさえつけてるからね。だから、内戦は終わらない。でも、カレン人やカチン人やシャン人とちがって、チン人はまだ闘いに立ちあがっていないんだ。チン州の土地はなぜか肥えてなくて、以前から多くの若者が食い扶持を得るために政府軍に志願してきた。僕も四年間、政府軍の兵士をした。でも、それは軍事知識と実戦の経験を積むためだった。いつかチン州の独立運動を始めるためにだよ。兵士や公務員や学生をしているチン人たちのなかに、同じ思いを持つ仲間もいる。こうやってインドに行き来してるのも、将来の活動のために人脈づくりをしておきたいからでもあるんだ」

このときから八年後の一九八八年、ビルマ全土で民主化運動が燃えあがったのを機に、チン人の学生を中心にしてチン民族戦線という反政府組織が結成された。ミゾラム州との国境地帯に拠点を置き、自治権をもとめて武力闘争を始めたらしいが、関連した報道は極端に少なく、実情は伝わってこない。

その闘いのなかに、カルカッタで会った彼が参加しているかどうかはわからない。しかし、たとえ彼自身が加わっていなくとも、ビルマ国民意識を持たず、民族の独立を夢見る青年たちが、やはり越境をくりかえしているという現実が確かにある。

インド奥地の内戦

ミゾラム州もチン州も、訪れてみたい土地だったが、両国の政府は外国人の立ち入りを禁止していた。国防上、重要な国境地帯であり、旅行者の宿泊施設などもないというのが表向きの理由である。

だが、その裏には、地元住民の反政府感情を外国人に知られたくないという本音があった。現に、ミゾラムでは六六年から、独立をめざすミゾ民族戦線のゲリラ部隊と、それを鎮圧しようとするインド政府軍が戦火を交えていた。

インドの東北隅にあるミゾラム州は面積二万一〇八一平方キロメートルで、日本の四国よりひと回り大きい。人口は約六八万人。標高一五〇〇〜二〇〇〇メートルのミゾ丘陵の山々が幾筋も南北に走り、そのあいだの渓谷にそって狭い平地が延びている。年間降水量が多いところで四〇〇〇ミリをこす多雨地帯だ。山地は常緑広葉樹林と竹林におおわれている。

人びとは、山地では焼畑を、谷間では棚田をいとなみ、稲やトウモロコシや豆類などをつくっている。イギリスの植民地時代より、土着の精霊信仰からキリスト教への改宗が進んでいる。

ミゾ人はルシャイとも呼ばれ、各村に世襲制の男性の首長がいたが、一九世紀末にイギリスの植民地支配を受けるようになった。しかし、この地域はルシャイ丘陵特別行政区として、首長制の自治は保たれた。

一九四七年のインド独立後はアッサム州に編入されたが、五九年にミゾ丘陵で起きた野鼠害の大飢饉をめぐる中央政府の対応の遅れに不満を抱いた青年層を中心に、ミゾラム州の創設と独立をもとめる政治運動が巻き起こった。

六〇年にラルデンガをリーダーとしてミゾ民族戦線が結成され、六六年には駐留していた政府軍との戦闘が始まった。カルカッタで会ったミゾ人宝石商によれば、ゲリラに協力的と見なされた村が政府軍に焼かれたり、村人も投獄されたりしたという。

古くから自立した暮らしを送っていた山奥の民が、イギリスの植民地支配下におかれて英領インドの枠組みにかこいこまれ、さらにその領土を受け継ぎ独立したインドという国家に組み入れられて「少数民族」の境遇を強いられたことが、内戦の根本的な原因である。

闘いに身を投じたミゾ人の若者たちは、政府軍の大攻勢を受け、ふるさとの村や町を離れて転戦を余儀なくされた。ミゾ民族戦線は六八年ごろ、東パキスタン（現在のバングラデシュ）の国境地帯にパキスタン政府軍の支援のもと、軍事拠点を設けた。パキスタン政府にとって、それまで二度戦火を交えていたインドへの対抗上、反インド政府ゲリラを支援することは戦略的な利益にかなったのである。

生きる場としての異郷

ミゾ民族戦線に参加して以来、越境に越境を重ねることになったひとりの男と、八六年三月末、ビルマ北部のカチン州フーコン地方で出会った。

ディン・ンガーという名の三五歳の彼は、ぽつりぽつりと語りはじめた。生まれはミゾラムの州都アイジャルで、男六人、女一人のきょうだいの次男。父親は中学校の校長をしていたそうだ。六五年一一月、中学を卒業したばかりの一五歳のとき、弟といっしょに夜こっそり家を出て、アイジャル郊外の山の中にあったミゾ民族戦線のキャンプに行き、軍事訓練を受けたという。

「あのころ、数千人の若者が続々と戦列に加わったんだよ。誰もが、むかし先祖が保っていた独立を取りもどすんだという意気込みにあふれていた。親たちは息子らが危ない目にあうのを心配したけれど、その流れを止めることはできなかったんだ」

東パキスタンから援助されたイギリス製の小銃や軽機関銃で武装したゲリラは、当初は各地の政府軍前哨所を占領したり優勢だったが、増強した政府軍に押されて、六八年六月に東パキスタンとの国境地帯の山中に本拠地を移した。ディン・ンガーさんの所属する部隊もそこから、インド領内に出撃するようになった。

しかし、東パキスタンでは七〇年に入って、地元のベンガル人イスラム教徒によるパキスタンからの分離独立運動が高まり、七一年四月に独立戦争が始まった。パキスタン政府は武力で鎮圧しようとしたが、インド軍が独立運動を支援して介入したため、第三次印パ戦争に発展した。ミゾ民族戦線はパキスタン軍に協力して、インド軍と戦った。

七一年一二月、パキスタン軍の降伏によって戦争は終わり、バングラデシュが独立した。支援者東パキスタンと軍事拠点を失ったミゾ民族戦線は、ビルマのアラカン州の森へと移り、アラカン共産党ゲリラと協力関係を結んで、ビルマ政府軍とも戦わざるをえなくなった。パキスタンの対インド戦略の手駒として利用されたともいえるミゾ民族戦線は、劇的な政治状況の変化に翻弄されたのだ。

七二年八月ころ、ディン・ンガーさんは五〇人の仲間とともに、中国雲南省へ派遣された。ミゾ民族戦線は苦境を打開するために、今度は中国に支援をもとめたのである。中国も領土問題やチベット問題をめぐってインドとは対立関係にあった。しかも、中国共産党は当時、国際連帯を掲げてアジア各地の反政府運動を支援し、影響力をひろげて、毛沢東思想に基づく革命の輸出を図っていた。

「東パキスタンはミゾラムと接していて、国境地帯には同族も住んでいるけど、中国となるとやはり遠いし、この先どうなるんだろう、いつミゾラムに帰れるのか、と不安もあったよ。でも一方で、見知らぬ土地で新しい道が開けて、闘いをつづけるための力を得られるにちがいないという期待も大きかったね」

チン州を抜け、カチン独立軍ゲリラの協力を得てカチン州を通り、中国雲南省にたどり着いたときは七四年になっていた。途中、ビルマ政府軍との戦闘で死傷者が出たり、マラリアに倒れていのちを落とす者もいて、隊員は三八名に減っていた。自らの土地で戦うという目的を遂げる前に、異郷で果てた男たちはさぞかし無念だったにちがいない。

雲南省では、中国人民解放軍のもとで重火器のあつかいなど軍事訓練と政治学習を、英語の通訳つきで受けた。七五年には、一部の隊員が援助された武器を持ってミゾラムにもどり、また新しいグループも一五〇人くらい到着した。ディン・ンガーさんは七六年三月まで中国にいて訓練を終えた。

しかし、ミゾラムに帰る行軍の途中、カチン州でマラリアにかかってしまい歩けなくなった。先を急ぐ部隊は彼を残して出発せざるをえなかった。カチン独立軍のキャンプで療養して回復したのち、仲間の後を追いたかったが、ひとりで危険な長い道をたどることもできず、ミゾ民族戦線の部隊がまた派遣されてくるのを待ちのぞんだという。

だが、仲間たちは再びやって来ぬままに月日だけが過ぎ、ミゾラムの国に帰る機会はめぐってこない。結局、世話になりっぱなしだったカチン独立軍に加わって生きることにした。カチン語をおぼえ、やがてカチン女性を好きになり、結婚し、子供も生まれた。いまはノー・ボックというカチン名を名乗っている。

「いつか帰りたい気持ちはもちろんあるけど、家族ができればここが生きる場所だと思えてきたよ。一五のときからあちこちの国を歩き回って、いろんな民族に会ってきたから、やっぱりどこでも人は同じように生きてるんだな、という考え方をするようにもなったんだろうね」と、彼は少し照れくさそうな表情をした。

国境を何度も越え、さまざまな民族の生活にふれることで、言葉や風習や社会情勢などは異なっていても、日々働いて食べて、家庭を持って子供を育てて、という生き方には共通性があると、肌で感じてきたのだろう。

私は彼から、異郷を転々とするなかで身につけた、どこでも生きてゆけそうなたくましさと、ともかく身をおいた場所で生き延びざるをえない切実さともいうべき印象を受けた。

この年、ミゾ民族戦線はインド政府と停戦に合意し、ミゾラム州を創設するという確約を得た。翌年、ミゾ民族戦線は一政党として州議会選挙にのぞみ、勝利を収めた。だが、九三年の州議会選挙では第一党になれなかった。

ディン・ンガーさんはミゾラムに帰っただろうか。たぶん、まだ妻子とともにカチン州にいて、その土地にとけこみつつあるのではないかと、私は思う。が、ひょっとしたら戦死、あるいは病死して、いまごろは森におおわれたフーコンの土に還っているかもしれない。

雲南からの亡命者

ビルマから見て西のインドからやって来る者たちがいれば、東の中国からも国境を越えてくる者たちがいる。雲南省生まれのジャー・カさんという、三十代半ばのカチン人男性から話を聞くことができた。彼は以前、省都の昆明で国営ラジオ局のアナウンサーをしていたが、一九七九年四月に、カチン州へ亡命してきたのだった。

カチン民族のなかには、ジンポー、マルー、ラシー、アヅィー、ヌン、ラワン、リスーといった七つの言語集団があり、ジンポー語が共通語になっている。ふつうカチン語といえばジンポー語をさす。中国にはおよそ一二万人のカチン人が住み、景頗族《ジンポーツ》という呼称が使われている。

ビルマが一九世紀末にイギリスの植民地になってから、イギリスと清王朝や中華民国とのあいだで国境が取り決められ、一九四八年にビルマが独立し、翌年に中華人民共和国が成立してから、両国は国境協定を調印した。

国家間で決められた国境線は、古くから住むカチン人やシャン人（中国では傣族）に、別々の国に分かれることを余儀なくさせた。国境画定には多くの場合、国境線が引かれることによって影響を受ける地元民の意思は反映されず、分断された民族はそれぞれの国で「少数民族」の立場を強いられる。

カチン州と接する雲南省の西部には、徳宏傣族景頗族自治州があるが、ビルマでの州と同じで、地元の諸民族の自治権は確立されておらず、漢族である中国共産党幹部が実権を握っているのが実情だ。ジャー・カさんが亡命してこざるをえなかったのも、そのことと関係がある。

彼が生まれた村は百数十戸あり、そのうち二〇戸くらいが漢族の世帯だった。近くに中国人民解放軍の駐屯地もあった。六七年に中学校を卒業したが、当時は文化大革命の混乱の真っ最中で、毛沢東を崇拝し、共産主義革命の徹底を叫ぶ急進的な紅衛兵の運動が全土に巻き起こっていた。

その熱狂的な空気にジャー・カさんも染まって、北京の天安門広場での大集会にも参加したりしたという。翌年、軍隊に志願し、共産党にも入党した。

「時代の熱気に煽られていたんでしょうね。村のむかしからのしきたりよりも共産主義革命の方が進んでいるように見えたんですよ」と、ジャー・カさんは当時をふりかえりながら、考え考え話す。

軍隊には、漢族のほかにカチン、シャン、ワなど諸民族の若者たちもいた。やがて、成績が優れているからと、戦闘機の飛行士になることを上官から勧められた。試験と身体検査に通り、訓練のために北京へ行った。雲南省からは漢族が五名、カチン人が一名選ばれていた。

ところが、共産党副主席だった林彪将軍により、「少数民族出身の飛行士は必要ない」という方針が突如下されて、彼はむなしく北京を去らざるをえなかった。中国の「大漢民族主義」の実態を目の当たりにして、反発をおぼえたという。

七二年に除隊したあと、雲南民族学院という大学に入学。七七年に卒業すると、雲南省の国営ラジオ局に職を得て、ジンポー語放送のアナウンサーになった。少数民族出身者にとって、これは一種のエリートコースである。

朝夕一時間ずつの放送を担当するうちに、「革命」「国際主義」「主席」といった政治用語だけは中国語をそのまま用いる、という慣例に疑問を持ったので、それらをジンポー語に置きかえて放送するようにした。すると、漢族の同僚たちが、この男は民族主義的傾向が強くて危険分子ではないか、と上司に訴えたため、一大問題に発展した。

「わたしを非難した連中の言いぐさはこうなんです。景頗族は文字も王朝も独立国も持たなかった歴史のない民族だが、にもかかわらず中華人民共和国のなかに入れてやっているんだから、重要な用語は共通の中国語を使って当然だ、学校でも中国語を習っているんだし、と。何を言ってるんだ、と思いましたよ。いくら人口は少なくても、過去に王朝はなくても、独自の民族であることに変わりはないのだから、自分たちの言葉を使わなくてはジンポー語放送をする意味がない、とわたしは主張しました。そして、当時の共産党主席、華国鋒に直訴する手紙を出したんですよ」

その結果、「大漢民族主義」は誤りであり、是正すべきだ、という華国鋒の方針が通達され、直訴文は『人民日報』にも掲載された。こうしてお墨つきを得た彼は、ジンポー語の番組をかなり自由につくれるようになった。

ビルマ側にいる同族の民族運動にも共感を抱き、カチン独立機構の情宣隊がつくった革命歌なども、少し歌詞を変えて郷土を愛する歌として放送したりした。また、『昆明日報』などの新聞に、「天に登る梯子は、他の民族の土地からではなく、自分たちの郷土からしか架けられない」といった主題の文章も発表した。理想郷をもとめるなら、自らの民族の土地にこそそれを実現させるべきだ、という思いをこめた。

しかし、中国の公安当局はジャー・カさんの言動に目を光らせはじめ、民族主義をひろめる危険分子だと見なすようになった。投獄の危険を感じた彼は、七九年四月、乾季の最も暑いころ、昆明からバスを乗り継いで雲南省の西南端に着き、盆地にひろがる田畑のなかの国境線を越えて、カチン州に亡命した。

「中国では文化大革命のころ、たとえばカチン人が古くから伝えてきた精霊信仰の祭りをすることも禁じられました。ここ何年か前からは、またできるようになりましたが、政治の風向きが変わればいつどうなるかわかりません。その風向きしだいで人びとの暮らしが左右されるというのは、大層つらいものがありますね……」

中国の人口約一二億のうち、漢族が一〇億以上を占める。カチン人は約一二万人。圧倒的多数派の重圧を受けながら、雲南でジャー・カさんとその同胞は生きてきたのだ。彼の越境は、少数派の境遇を強いられた民族が何とか生き延びるための、模索の一環であるのかもしれない。

亡命後、カチン独立軍でトレーニングを受け、カチン州西部の森におおわれたフーコン地方にこのときいた。雲南を離れてからちょうど七年がたっていた。

国境の村で会った父子

ジャー・カさんが追われるようにして国境を越えた、中国雲南省とビルマのカチン州が接する地域を、私が通ったのは八五年の一一月だった。タイから雨季のシャン州を北上してきてたどり着いたとき、季節はさわやかな大気が地上に降りる乾季となっていた。

イラワジ河の一支流にあたるワン川流域の平野では、田の稲刈りがおこなわれていた。国境の両側にあるシャン人やカチン人の村々は、今年もまためぐってきた収穫の時を迎え、慎ましやかながらも満ちたりた気配に抱かれていた。

ある集落で、シャン州北部から知人を訪ねてきた、ひと組の父子に出会った。二人は、はじめてっきりお祖父さんと孫にちがいないと思われた。それもそのはずで、マ・ブランと呼ばれる一三歳の男の子は、チャー・カという名の父親が五四歳のときにやっとできた長男なのであった。

姉が三人、弟が一人いるという少年は、中国製の深緑の人民帽がよく似合った。彼は、しわの寄った草色のズボンと土埃にまみれた古着の背広をまとう老父をいたわるように、茶の葉を入れたコップに湯をつぎたしたりするのだった。父親の方も、寡黙で意志の強そうな両の眼を持つ息子を、時にやさしげに見守っていた。

少年の父親はカチン人で、母親は雲南省の東隣りにある貴州省生まれの中国人（漢族）である。夫妻は、チャー・カさんが一九五〇年代末から六〇年代末にかけて、貴州省に滞在していたときに結婚した。雲南生まれの少年は中国語を母語とし、カチン語はしゃべれない。父親とも中国語で会話している。

北ビルマ生まれのチャー・カさんが、なぜ中国で長年暮らし、貴州省の女性と家庭を持つことになったのか。そこには、ビルマ独立直後に自らもまた民族独立をめざして蜂起したカチン人青年たちが、ビルマ政府軍と戦った末に敗れて中国へ亡命を余儀なくされた、アジア現代史の知られざるひとこまが深くかかわっている。

カチン兵と日本戦争

「わたしが軍隊に入ったのは一九三九年で、ちょうど二〇歳のときでした。ビルマはイギリスの植民地でしたから、主だった上官はイギリス人で、インド人とネパールから来たグルカ兵の将校や下士官や兵士が多かったんですよ。カチン部隊もできていて、カチン人の将校もいました。軍隊では給料が銀貨でもらえて、現金を手にするまたとない機会でした。それに、方々の土地を見て回れる仕事でもあります。イギリスと日本が戦争を始めたころは、首都のラングーンにいましたよ」

こう物静かに語るチャー・カさんがイギリスの植民地軍に志願したことは、当時のカチン青年としては特別珍しいことではない。一九世紀末にビルマを植民地化したイギリスは、山岳地帯でしぶとく抵抗したカチン人の勇猛さに目をつけて、カレン人と同様、軍隊に入ることを奨励していたのである。カチン人の部隊は第一次世界大戦でも、ヨーロッパや中東の戦場に派遣されて戦っている。

そのためか、第二次世界大戦のときも、一部の氏族首長の勢力が日本軍に協力したのを除いて、カチン人の多くは連合軍（イギリス、アメリカ、中国）側に協力し、新たに編成されたカチン部隊が日本軍と戦った。日本軍がビルマ人青年によるビルマ独立義勇軍を支援していたことも、反ビルマ意識の強いカチン人やカレン人などを連合軍側につかせる要因になった。

一九四二年一月に日本軍はビルマに攻め入り、五月半ばまでにほぼ全域を占領した。イギリス軍はインドに撤退し、反攻のための態勢を整えることになった。チャー・カさんも部隊の仲間とともにインドに行った。

その年の八月、カチン州の一番北にあり、ビルマで唯一日本軍が占領できなかった街プーターオで、イギリス軍は「北部カチン徴募部隊《ノーザン・カチン・レヴィー》」を発足させた。最初は五〇〇人あまりのカチン青年が参加し、やがてイギリス人将校の指揮のもと兵力は一〇〇〇人をこえた。さらに、アメリカ軍による「アメリカ・カチン・レンジャー部隊」も創設され、一〇〇〇人以上のカチン青年が入隊し、アメリカ人将兵とともに戦った。

どちらの部隊にも、元からイギリス植民地軍に入っていたカチン人たちが加わり、率先して新兵を導く役割をはたした。チャー・カさんはインドからカチン州にもどり、「レンジャー部隊」の方に参加した。

「日本軍と何度も戦いましたよ。レンジャー部隊はシャン州まで追撃していったんですが、日本兵は連合軍より武器も弾薬も食糧も劣っていたのに、最後までくじけないで、手ごわい相手でした。たくさんの日本兵が敗れてタイに逃れる途中、マラリアや赤痢にかかって歩けなくなり、いのちを落としたと聞きます。もしも日本軍がビルマにやって来なければ、日本兵も連合軍の兵も地元の人間たちも、死んだりけがしたりすることもなかったはずなんですけどね……」

チャー・カさんの淡々とした言葉を聞くうちに、わたしは顔がこわばって、心に重たいものが沈んでくるのを感じた。

カチン語で第二次大戦のことを「ジャパン・マジャン」（日本戦争）と呼ぶ。日本軍が来て巻き起こした戦争だから、そう名づけられた。鉄道や飛行場などの建設に酷使されたり、連合軍のスパイだと疑われて憲兵隊に拷問されたり、農作物や家畜を奪われたり、といった日本軍による災いを住民がこうむって、死傷者も出た話は各地で耳にした。

四〇年以上前、三十数万人の日本人が国境を越えてこの国にやって来たのだが、不幸なことに国家の戦略にしたがって動かされる、武器を手にした軍隊という集団としてだった。日本軍の存在は、現地の人びとを戦禍に巻きこんで犠牲者を生みだした。そして、およそ二〇万人の日本人が異郷に果てる結果となった。

チャー・カさんの言葉が呼び起こすその事実は、戦後生まれのわたしも、あの戦争の歴史の重さと無縁ではいられないことを示している。

独立運動と亡命の時代

一九四四年八月、連合軍はカチン州の州都ミッチーナを激戦の末に日本軍の手から取りもどした。一〇月には、対日戦勝記念のマナオ（カチン伝統の大祭）が催され、カチン人将兵と住民は喜びあふれて踊ったという。

戦後、二つのカチン部隊はカチン・ライフル大隊として再編成される。一九四八年のビルマ独立後は政府軍に編入されて、三つの大隊ができた。当時、チャー・カさんの階級は軍曹だった。やがて、独立直後から始まった内戦の渦中で、チャー・カさんの所属する第一カチン・ライフル大隊では、民族独立をもとめるカレン民族防衛機構の武力闘争に応じて、ノー・セン大尉ひきいる三個中隊が四九年二月、政府に反旗をひるがえして立ちあがった。チャー・カさんも迷わずに加わった。

「戦争中は日本軍を追いはらいたくて、イギリスやアメリカの軍隊といっしょに戦いました。でも、イギリスも元はといえば力でカチン人を押さえつけて植民地にしたわけです。だから、ビルマ人といっしょに独立しようということになったんですが、ビルマ連邦ができたらビルマ人の政治家や軍人が一番力を持って、ほかの民族の上に立とうとするんですよ。ノー・セン大尉はそれを見抜いて、カチン人もカレン人のように自らの独立をめざさなくてはと、わたしたちに説いたんです」

かれらはカレン民族防衛機構の部隊と力を合わせて、メクテラー、メイミョー、マンダレーなどの都市を攻略した。その後、ビルマ中部とシャン州各地を転戦して、一時はラングーン進撃の動きも見せたが、政府軍の反撃にあい、シャン州北部へと退いた。

一一月、ノー・センを指導者として、カチン人青年によるポンヨン民族防衛軍が結成された。ポンヨンとは、神話に出てくるカチン人の始祖の名に由来し、カチン民族を表す言葉である。一時は一〇〇〇人あまりの兵力になった。

だが、ビルマ政府側についたカチン首長や政治家が敵対したため、首長らの影響下にある住民からは協力が得られなかった。さらに政府軍に攻撃され、ポンヨン民族防衛軍は散りじりになり、翌年の二月、ノー・センたち主だった部隊員およそ三八〇名は、中国に越境し亡命せざるをえなかった。武器は中国軍に引き渡した。

かれらは中国共産党の世話になり、雲南省、貴州省を転々とした。鉱山や工場で働きながら中国語を学び、政治・軍事教育をほどこされ、共産主義思想と人民戦争・革命理論を教えられた。

貴州省に一〇年近くいるあいだ、共産党のはからいで地元の中国人女性たちと互いに革命の同志として集団結婚した。カチン人のグループにより深く影響力をおよぼして、将来、対ビルマ戦略の一カードとして使おう、という中国側の計算もそこにはあったはずである。そして一九六四年ごろ、中国共産党の強い要請で、かれらは中国に支援されるビルマ共産党への合流をやむなくされた。

「決してビルマ共産党といっしょになりたかったわけじゃありません。でも、このままずるずると外国にいるよりも、早くビルマに帰って戦う方がいいと思ったんですよ」

中国が文化大革命の最盛期で、東南アジアの共産主義運動の支援にも力を入れていた六八年一月、ノー・セン将軍のグループと雲南省出身のカチン義勇兵を中心とするビルマ共産党部隊は、中国軍の協力を得てシャン州北端のムン・ゴーにあるビルマ政府軍駐屯地を攻めて、占領した。以後、ビルマ共産党はシャン州北東部に解放区を築いていった。

しかし、実権はビルマ人幹部に握られたままで、七二年、ノー・セン将軍が狩猟中に事故死してからは特に、カチン・グループは軽んじられるようになった。チャー・カさんらカチン・ライフル大隊出身の兵士たちも歳をとり、第一線をひいて退役同然の身である。だが、共産党は老兵に対して冷たく、かれらはシャン州の北の端にある村で不遇の日々を送っている。

「いま考えると、ビルマ共産党に合流したのがよくなかったんですよ。中国に入るまでは、ともかく自分たちの足で立ってましたが、そのあとは結局、大きな国の力がつくる流れに身をまかせるしか仕様がなかったわけですね……。もっとも、いまだからそう思うんで、そのころは見知らぬ土地で学んだり、働いたりするので精一杯だったし、ビルマにもどって戦う日が来るのを待ち望んでるだけでした。貴州省で出会った女房にも、そのことはよく話しました。子供たちといっしょにどこまでもついてきてくれるんで、ありがたいですよ……」

チャー・カさんの人生は、戦争と独立と革命と政治の時代の波にもまれつづけてきたように見える。しかも、少数民族の境遇を強いられた民族のひとりとして、身をおいた集団がイギリスや中国などの国家による戦略に利用された面もある。

しかし、そんななかでも家族をつくっているし、そうすることのできた中国亡命時代の幸運さもうかがえる。越境した先の異郷を生きる場とせざるをえなかった者が、ともかくそこを生きる場としおおせたのは確からしい。時代に流されて生きるしかなかった老兵がよりどころとするのは、共にささやかに暮らす家族である。

日本人未帰還兵

チャー・カさんの話を聞いてから、かつてタイ・ビルマ国境の村で会った、ひとりの老日本人のことを思い出した。彼の名は坂井勇といい、チャー・カさんとは同世代にあたる元日本軍の兵士だった。そして戦後、日本に帰らずに異郷での日々を送ってきた未帰還兵である。

チャー・カさんが後に屈曲にみちた人生を歩むことになるとは夢想だにしていなかったであろう、第二次大戦中、一方でその日本人もまた同じようにしてビルマの戦場に立っていたのだ。

旧日本陸軍の独立自動車大隊第二中隊修理班に属していた、坂井勇さんを訪ねたのは、一九七七年八月半ばのことだった。タイの首都バンコクから北へ、長距離バスに約六時間ゆられ、さらにタークで乗り合いトラックに乗りかえて西へ向かう。山脈の峠を越えるうちに日が暮れ、三時間ほどして河谷平野に下った。広い闇の底に、国境の町メソトの明かりが宝石みたいに輝いていた。

メソトは、タイ人のほかに、ビルマとの密輸を中心に商売をいとなむ華僑やシーク教徒の印僑が住んでおり、さらにビルマから密入国してきたカレン人やパオ人などの宝石商や、密輸物資(衣料や日用雑貨や味の素など)の担ぎ屋たちも滞在している。

ビルマ方面とバンコク方面への、人の出入りと物の動きが盛んで、半ば公然の密輸景気に支えられた町である。独立をめざしてビルマ政府軍と戦いつづける、カレン民族のゲリラ組織のアジトも置かれている。郊外には、タイ軍や国境警備警察の駐屯地がある。

町を過ぎ、国境のモエイ川まであと三キロというメタウ村で車を降りた。モンスーン雨季のねっとりとした、どこか甘酸っぱいにおいをふくんだ空気がからみつく。暗い水田から蛙の合唱が聞こえてくる。

坂井さんは身長一六五センチほどだが、がっしりした体つきだった。短く刈った白髪頭と対照的に顔は浅黒く、眉が太い。半袖のYシャツからのぞく腕もたくましい。上体をきちっと前へ四五度に曲げて、むかし風にお辞儀をする。そばで、気さくそうなパオ人の奥さんが笑顔を見せる。彼女はくるぶしまである長い腰巻き風のスカートをまとっていた。

「わたしが坂井です。はるばる遠くからいらして、大変だったでしょう」

ふだん日本語を使わないせいか、おちついた声ではあるが、話し方はぎごちない。訪問は手紙で知らせてあった。日本の懐メロ歌謡曲のカセットテープを贈ると、口もとがほころんだ。

家は鉄筋二階建てで、同じ敷地に二棟の精米所がある。光沢のあるチーク材の机をはさんですわると、坂井さんはしばらくわたしの目を見つめた。戦後生まれの見知らぬ日本の若者に、どう応対すればいいのか考えあぐねているようでもあった。また、わたしの訪問の真意を探っているようにも見えた。雷が鳴りだして、まもなく強い雨が降りはじめた。

わたしが坂井さんについて知っていたのはごくわずかだった。インパール作戦（日本軍がインド進攻を試みた末に、連合軍に敗れて大きな被害を出した）に参加し、後にタイへ敗走する途中、病気になって歩けなくなったところをカレンの村人に助けられたこと。戦後は帰国する機会がないまま、カレン人の独立運動に加わってビルマ軍と戦ったこと。やがてタイに住みつき、苦労しながら現地にとけこんだこと。赤紙一枚で召集した多くの兵を、戦地に置き去りにした日本という国に深い憤りを持っていること。

いまは東南アジアの片隅でひっそりと生きる、ひとりの未帰還兵の歩みをもっと知りたかった。日本の戦争の歴史が生みだしたにもかかわらず、日本では知られていないか、忘れ去られたかした人びとの足跡はあまりに多い。その空白のほんの一部なりとも埋めてゆくことはできないだろうか……。

坂井さんはぽつりぽつりと語りはじめた。

「わたしが生まれたのはブラジルのサンパウロなんですよ。一九一六年、大正五年です。親は福井県出身の移民で、農場にやとわれた苦しい生活から、何とか自分たちでコーヒー園を持てるまでになりました。ブラジル育ちのわたしは、日本語は話せますけど、読み書きはできません」

「一九三九年、わたしたち家族はお墓参りと、開かれるはずだった東京オリンピックの見物を兼ねて、船で日本に帰りました。ところが、第二次大戦のためにオリンピックは開かれないし、ブラジルにも帰れなくなってしまったんです……」

激しさを増す日中戦争と対英米情勢の悪化と軍国主義の高まりのもと、坂井青年は徴兵検査を受けさせられ、召集されて朝鮮半島に送られた。自動車の運転ができたことから、軍用トラックを走らせる独立自動車大隊に配属された。

一九四〇年の冬、ソ連との国境地帯に移動し、そこで年を越す。てっきりソ連に攻めこむのかと思っていたら、部隊は南方へ向かい、台湾をへてフランス領インドシナのサイゴンに到った。

一九四一年（昭和一六年）一二月八日、日本軍は真珠湾攻撃と同時に、イギリス領マレー半島にも上陸作戦をおこなった。坂井さんの所属部隊は山下兵団について、南タイのシンゴラ（ソンクラ）に上陸。この日、太平洋戦争が始まった。

敗走と空飛ぶ鳥

山下奉文大将ひきいる兵団は、イギリス領マレーに攻め入るとイギリス軍を破って、翌年二月にはシンガポールを占領した。

つづいて三月、坂井さんの部隊はビルマの首都ラングーンに着き、ビルマ攻略作戦に加わって北ビルマの方まで各地を転戦する。

「戦場から戦場へ走り回りました。トラックの運転もしたけれど、故障した車両の修理が主な仕事でしたね」

一九四四年三月、インド進攻の野望を持つ日本の将軍が考えついた、インパール作戦が開始された。ビルマとインドの国境にそびえる山脈を越えて、インド東北部マニプールの中心地、インパールを攻略しようというものである。坂井さんもこの作戦に参加した。

しかし、兵力や補給など不十分なままおこなわれた無謀な作戦であったため、イギリス・インド軍に阻まれて、日本軍はインパールに到達できなかった。雨季になると、世界有数の多雨地帯であるこの地には雨が降りしきり、道は泥田のようにぬかるんだ。

「トラックの車輪が泥のなかで空回りして走れなくなりました。仕方なく、運搬用に牛を使ったんですが、胸まで泥につかって大変でした。一日に一キロくらいしか進めないこともありました。そのときの牛の訴えるような悲しい目が忘れられません……」

坂井さんはため息まじりに、たどたどしい日本語の言葉を継いでゆく。

物量で圧倒的に勝るイギリス・インド軍の反撃の前に、六月ころから日本軍は総くずれになり退却を始めた。密林、雨、泥濘、負傷、マラリア、赤痢、飢え……。山や野に倒れ果てる日本兵が相次いだ。

インパール作戦の悲惨さは、ニューギニア戦線やガダルカナル島とならび、多くの戦記にも描かれている。一説では、チンドウィン川を西に渡って作戦に参加した約六万人のうち、戦死者や戦傷病死者や行方不明者の数は二万人をこえるという。

「服はボロボロだし、鉄砲も持たない兵隊が多くて、足を引きずって必死に歩くんですが、もう動けなくなって道ばたでうめいてる者がたくさんいました……。食べられる野草を見つけては飯盒で煮て食べましたよ。水かさが増した川を渡るのも大変です。流されてしまう者もいました。

川にワイヤーを張って竹かごに数人ずつ乗って、向こう岸の兵隊たちが引っ張ってやっと渡れるわけです。本当にひどかったですよ……」

その後も、日本軍はインドから反攻してきた連合軍に敗退を重ねた。坂井さんは戦友たちとタイ国境めざして逃れていった。一九四五年（昭和二〇年）八月、日本が敗戦したとの報を、サルウィン河下流の町パポン付近の中州にいたときに知る。

「はじめは信じられませんでした。でも、イギリス側に寝返ったビルマ軍が日本兵を探して殺しているという噂を聞いて、これは本当だ、早くタイまで逃げなければ大変だと思いました」

しかし途中、坂井さんはマラリアの熱病におかされたうえに足もけがをして動けなくなってしまった。そこはパアーンという町の近くにある、カレン人やパオ人が住む村で、彼は村人に助けられた。

山の中の小屋にかくまわれて看病してもらい、ビルマ軍が近くに来るたびに村人に連れられて逃げ回ったという。そんな坂井さんの姿に同情した人びとは、「空を飛べれば楽なのに」と言って、カレン語でパー・トゥ、空飛ぶ鳥という意味の名前をつけてくれた。

独立闘争に加わった日本兵

戦中・戦後、ビルマ各地で同じように現地の住民に助けられた日本兵は何人もいる。そして日本に帰らなかった、未帰還兵と呼ばれる人たちは数十名にのぼるという。そのうち、在ビルマ日本大使館や厚生省援護局に公式に記録されていない人の方が多い。

かれらは戦後、連合軍の設けた捕虜収容所に入らなかったために帰国する機会を失い、日本人であることをかくして生きざるをえなかった。やがて妻子もできて、現地にとけこんでいったのである。

一九四八年、ビルマはイギリスの植民地から独立した。しかし、カレン人は多数派のビルマ人が主導権を握るビルマ連邦への参加を望まず、自らの独立をめざした。少数派の民族として抑圧されることを懸念したからだった。

カレン人たちははじめ、街頭デモなど政治的な運動を進めたが、ビルマ政府はそれを弾圧し、政府軍によるカレン人の村人の虐殺事件も起きたため、四九年一月、カレン民族防衛機構という組織を中心に武装蜂起した。政府軍内のカレン人部隊も合流した。

「まわりのカレン人から、仲間に入って戦わないか、と誘われました。とても世話になってましたから、恩返ししなくてはと思って、いっしょに戦うことにしたんです。それに、カレン人が立ちあがった気持ちもよくわかりましたから。銃や大砲の撃ち方を教えたり、自動車や武器の修理をしたり、時には作戦を考えたりもしました」と、坂井さんはひかえめな口調で語る。

カレン人とともに戦った元日本兵は、ほかにも一〇人くらいいたらしいが、その後かれらがどうなったかは知らないという。

カレン民族防衛機構はカレニ、パオ、モン、カチンなどの武装勢力とも力を合わせて、一時は首都のラングーン近郊まで政府軍を追いつめた。だが、ビルマ政府軍はイギリスとアメリカから武器弾薬の援助を受けて優位に立ち、激戦の末、カレン側は敗退をやむなくされた。それからは、カレン民族防衛機構はサルウィン河下流域からタイ国境にかけての地方に拠点を築き、ゲリラ戦に転じざるをえなかった。

坂井さんは一九五一年ごろまで戦ったあと、カレン人と言語的にも近く、同じ地域に住んでいるパオ人の娘と結婚した。村人のひとりとしてサトウキビや落花生をつくって暮らしはじめたが、ビルマ政府軍が迫ってきて戦闘が激しくなったので、五二年に夫婦で難民としてタイにのがれた。

地球を半周しました

「タイに来てからも苦労はしましたが、運よく親切な人たちにめぐりあって何とか食いつないでこれました。子供たちもちゃんと育って、いまは商売をしたりしています。わたしはカレン人やパオ人やタイ人にどれだけ助けられたことか……。でも、日本は何もしてくれません。一九七〇年の万国博のときに、ブラジルから姉が日本に来て、手紙でわたしを呼んでくれたので、日本大使館に旅券をもらいにいきました。わたしは事情を話すつもりでしたが、大使館の人は話も何も聞かないで、手つづきに必要な金を払えというだけでしたよ。それも一〇〇〇バーツという高い金額です。インパール作戦などのときも、軍のお偉方はいち早く安全な場所に車や飛行機で逃げていきましたよ。たくさんの兵隊たちが取り残されて、いっぱい死んでいったんです……」

坂井さんの顔に、何か懸命に言葉を探そうとする表情が浮かぶ。

「わたしは地球を半周していますよ。ブラジル、日本、朝鮮、マレー、ビルマ、タイ……。自分の気持ちからではなくて、転々とめぐってきました。軍隊時代のことはあまり思い出したくありません。戦争さえなかったら、ブラジルで暮らしているはずです。わたしを赤紙一枚で召集して、ビルマまで連れてきて、捨てていった日本という国は、いったいどういう国なんでしょうか……。あなたは、どう思いますか……」

わたしは何と答えていいのかわからなかった。ただ黙って、戦争の時代の波に翻弄された人間の声に耳を傾けるしかないように思われた。戦後の日本は、あの戦争の残した数多くの傷のひとつである、坂井さんたちのような未帰還兵の問題に目を向けぬまま、高度経済成長にひた走ってきた。わたし自身、そうした「日本」から来た日本人であることが痛感され、いたたまれない思いがした。

「でも、日本は何も変わっていませんね。タイやビルマに今度は商売でやって来てますが、利益しか考えようとはしません。日本政府は、カレン人を苦しめているビルマのネ・ウィン（政府軍の総参謀長だった一九六二年に、クーデターで権力を握った独裁者）を援助してばかりですよ。わたしは日本にもどりたいとは思いません。できればブラジルに帰ってみたい。わたしはずっと、自分は日本人ではないんだと思いつづけてきました。そうでも思わなければ、やりきれなかったですから……。わたしは、自分の一生が何だったのかまるでわからなくなるときがあります……」

坂井さんはひどく疲れたような面持ちになって黙りこんだ。夜の雨はいつのまにかやみ、また蛙の声が聞こえていた。坂井さんの膝に三歳くらいの孫がじゃれついてきた。坂井さんは顔をほころばせて孫を抱きかかえた。彼には三人の息子と一人の娘がいる。

田植えの時期で農業の方が忙しく、明日も早いというので、わたしは坂井さんに、長時間にわたって話を聞かせてもらったお礼を言った。うながされて二階に上がると、板の間に床がのべられて、蚊帳が吊ってあった。わたしたちが話しているあいだに、奥さんが用意してくれたのだ。

「蒸し暑いと思いますが、ゆっくり休んでください」と言って、坂井さんは静かに階下へもどっていった。

翌朝、起きると、坂井さんはひと仕事終えて汗をふいているところだった。朝食をごちそうになり、別れのあいさつをした。タイ人の従業員が精米所の車で、メソトの町まで送ってくれることになった。

「どうぞ、またいらしてください。いつでもお待ちしてますから。それと、もし今度くるときには、インパール作戦についての本を持ってきてくれませんか。読めないでしょうけど、手もとに置いときたいんですよ」

坂井さんはきっちりとお辞儀をして見送ってくれた。その姿が、ヤシの木々とうるんだような雨季の青空を背景にして遠ざかっていった。

国や民族をこえた人の縁

軍国日本に運命をねじまげられ、ブラジルの生地から遠くビルマまで「地球を半周した」あげく、日本という国家に戦場での消耗品としてあつかわれ、棄てられた坂井さんは、もう国家というものに何の幻想も抱いていない。国家という制度は、彼に苦しみをもたらしこそすれ、恩恵を与えてはくれなかった。

坂井さんが生きのびることができたのは、カレン人やパオ人やタイ人といった諸民族の、庶民の一人ひとりが情けをかけて助けてくれたからだ。それに応えて、彼はカレン独立の闘いに身を投じた。そして、現地の女性と家庭を持ち、子供も育てあげた。

すべて、坂井さんが出会った人たちとの、国や民族のちがいをこえた縁《えにし》に支えられてのことである。越境した先の異郷が生きる場となってくれたのだ。彼は東南アジアの一地域に根を下ろして、次の世代へ、そのまた次の世代へとつながる、いのちの連なりのなかに確かにいる。

こうした点は、独立運動に失敗して、北ビルマから中国に亡命したカチン人グループの一人で、中国人女性と家庭を持ったチャー・カさんとも共通する。また、インドからの独立をもとめて戦い、中国へ行って軍事訓練などの支援を受けた帰路、北ビルマで病気になって行軍を中断し、カチン人の女性と結婚したミゾ人ゲリラのディン・ンガーさんにもあてはまる。

むろん、チャー・カさんやディン・ンガーさんは内戦のやまぬビルマでゲリラ組織に身をおいている以上、状況しだいではいつどこに家族とも離れて移動しなければならぬかわからないし、生活や身分が保証されているわけでもない。また、いつ戦火に倒れるやもしれぬ。

坂井さんもタイに永住する権利を持ってはいるが、本人も妻も元はよそから流れてきた人間であり、周囲のタイ社会とうまく折り合って生きるにはそれなりの苦労も多い。

ただ、かれらは戦争や国際政治の渦と非情な論理に巻きこまれ、翻弄されはしたが、苦境をくぐりぬけるなかで、その日その時を生き抜く意志も自然とみがかれてきたにちがいない。

それゆえにか、過去をふりかえって語るとき、無念さや憤りや悔恨や寂しさなどが言葉のはしばしにあらわれ、表情に翳りが差しながらも、どこか、決して何ものにもおかされない心の土台ともいうべきものを自らのものにしえたような、ある種のおちつきを感じさせるのだった。

そして、その土台はさらに元のところで、仮に異郷で死に果てることになっても、それはそれでよしとする、一種の諦念のようなものによって支えられているのではないかと思えた。

こうした心の土台ともいうべきものは、中国雲南省からカチン州に亡命した元アナウンサーのジャー・カさんからも直《じか》に感じられた。

かれらは単に国境を越えるだけでなく、時の政府が決めた法の枠のなかで暮らす日常の場から、非合法活動の領域へ境界を越えるという意味においても、越境者・アウトサイダーになった以上、変転する状況をしかと受けとめざるをえない。

自らのよりどころは、これまで多くの困難にあいながらも何とか開けてきた道、その時どきにたどらねばならなかった道の上にしるしてきたおのれ自身の歩み、足跡だといえるかもしれない。

そして、自らの生の歩みがいつか、どのようなかたちであるにせよ終わりを迎えたときも、これまでの道のりの延長線上にしか、最後の越境ともいうべき、生から死への越境はない、と知っているはずだ。

生死の軌跡

さて、これまで述べてきた越境者たちには、実際に会って、人柄にも接し、肉声を聞いている。だが、最後に登場する越境者は、顔も知らないし、名前もわからない。その人についての話を聞いたときには、もうすでに故人となっていた。しかし、印象深い話だったので、ここに記しておくことにする。

一九八六年二月、カチン州南西部のイラワジ河流域にひろがる樹海を歩き、丘陵のひだにまぎれるようにしてある、カチン独立軍第五大隊の本部を訪れた。季節は一年で最も暑い乾季の後半に入っていた。

熱の矢のような日光が梢ごしに差しこみ、ひび割れた地面に散っている。木と竹でつくった掘っ建て小屋の兵舎の表、軒先の日かげにしゃがんで、時に物憂げな口調になるゲリラ部隊の副大隊長から、次のような話を聞いた。

一九七五年、彼がシャン州北部を拠点とする第八大隊に所属していたころ、ロェイ・ダオ山地のふもとにあるムン・ジェッという村のそばで、ビルマ共産党のゲリラ部隊と交戦し、一〇名の捕虜をつかまえたそうだ。当時、カチン独立軍とビルマ共産党は抗争している最中で、カチン人が多く住むシャン州北部を勢力下におさめようとするビルマ共産党に対し、カチン独立軍は激しく抵抗していた。

「捕虜は中国人が六人、カチン人が三人、そして驚いたことにインドネシア人が一人ふくまれていたんだよ……。どうしてインドネシア人がこんなところにいるのか不思議だった。ビルマ語はしゃべれず、中国語を少しだけ話せた。三〇歳くらいで、背が高くてひげづらの男だったな。カリマンタン（ボルネオ）の出身で、インドネシア共産党員だったのが、中国に渡ってからビルマ共産党の義勇兵になったというわけなんだよ」

インドネシア共産党は一九五〇年代後半から六五年まで、党員数約四〇〇万人を誇り、当時のスカルノ大統領を支える一大勢力だった。しかし、「九・三〇事件」と呼ばれる、六五年九月三〇日に起きた、共産党と一部の軍人によるクーデターの失敗を境に、権力を掌握した政府軍によって共産党は弾圧され、壊滅した。軍や反共集団の手で三〇万〜五〇万人の党員とそのシンパが殺されたという。ちなみに、この事件をきっかけに権力者となっていったのがスハルト将軍（後に大統領）である。

捕虜になったそのインドネシア共産党員は、かろうじて弾圧をのがれ、友党関係にあった中国共産党を頼って亡命したグループの一人だったと思われる。中国では折しも文化大革命の真っ最中だ。毛沢東思想をかかげる共産党は、労農階級の国際連帯を旗印にして、東南アジア各国の共産主義革命をめざす組織を支援していた。

支援される組織のひとつがビルマ共産党で、雲南省を根拠地として中国製兵器を備え、六八年からシャン州北部にゲリラ部隊を展開していた。共産党の幹部はビルマ人が占め、、実戦部隊には主に、シャン州に住む中国系の果敢《コーカン》人、ワ人、カチン人、雲南省からの中国人などが参加していた。そこに、インドネシア共産党員やタイ共産党員の義勇兵も加わったのだ。

共産党はビルマ政府軍と戦う一方で、カチン人など少数民族の組織に対しても圧力をかけ、親共産党派をつくって組織を分裂させるなどの政治工作をおこなった。そのため、カチン独立軍とのあいだに抗争が起きた。

共産党は、少数民族の内部でもプロレタリア階級が主導権を握るために階級闘争を進めるべきだと唱え、宗教や伝統文化も否定する政策をとった。しかし、少数民族の社会には著しい階級の区別は見られない。小規模な自作農がほとんどで、伝統と宗教に心のよりどころをもとめている。共産党の革命路線は、内実は、ビルマ人幹部がひきいる共産党だけがすべての民族の上に立とうとする権威主義的なものだった。

「共産党は中国製の兵器に物を言わせて、われわれの土地に踏みこんできた敵なんだよ。つまり、ビルマ政府と同類だ」

副大隊長は語気を強めたあと、横を向いて吐きだすように言った。

「そんな敵にくっついて、はるばる遠くからやって来たあのインドネシア人は、いったい何のために戦っていたのか……。すきを見て逃げだしたから、追いかけて撃ち殺してしまったよ」

わたしは一瞬、胸の奥が凍りつくような感覚にとらわれた。顔も名前もわからぬインドネシア共産党員の死が無惨きわまりなく思えた。彼は母国での革命の希望が潰えたあと中国に渡り、さらに遠くビルマ奥地へ連帯と革命の志に駆られてやって来たはずだ。

ところが、現地の諸民族の心を理解しないビルマ共産党の誤った政策のせいで、いのちを落とすことになった。彼自身も共産党の主張をうのみにして、カチン独立軍を反革命と決めつけていたのだろうか。

しかし捕虜になって、自分が歓迎されざる異邦人であることに気づき、絶望的な思いに襲われはしなかっただろうか。逃げだして、撃たれたとき、脳裏を走ったものは何か。そして、最後に何を見たのだろう……。

だが、戦場でのそんな末期も覚悟の上であったかもしれない。あのころは、国境を越える革命と連帯という夢がまだ色あせていない時代だった。その時代の熱にみちびかれて、彼はどこまでも、行けるところまで行こうという決意を胸に秘めていたのではないか。

彼がどんな人物だったのかもはや知るすべもなく、わたしはただ、赤道直下のカリマンタンに発し、北回帰線の下にあたるシャン高原で途絶えた、無名の越境者の生死の軌跡に思いを馳せるだけである。

消えなかった眼《まなこ》の戦場

日照りの年

その年、一九八六年は雨季に入るのが遅れていた。空の中心で太陽が光の渦を巻き、熱のうねりを乾ききった地上へ放っていた。上空は青白く硬く結晶してしまったかに見え、のしかかってくるように感じられた。時おり漂い浮かぶ雲は水銀色にただれて、雨のひと滴もはらんでいるとは思えなかった。

例年であれば、モンスーンの到来とともに五月下旬には雨季を迎えるのだが、今年は六月になっても湿潤のきざしがない。遠くインド洋から吹いてきて雨をもたらす、モンスーンつまり南西の季節風が、まだ北ビルマ・カチン州の山野を訪れてくれないのだ。

二月ごろ山の森を伐り開き、乾季末の四月に焼きはらい、五月に種まきをした焼畑では、陸稲やトウモロコシやダイズやカボチャなど農作物の種と芽が、枯れて死んでしまうのではないかと、カチン人の村人たちは気をもんでいた。

日照りを憂う人びとが、大きな円い銅鑼を持って集落の裏山に上り、頂で銅鑼を打ち鳴らし、雷の精霊や太陽の精霊など天の神々に、「雨を降らせたまえ、雨を恵みたまえ」と祈願する雨乞いの儀式を、おこなった村もあるという噂も耳にした。

わたしはそのころ、カチン州北部山地のマリ・ンマイ・ワロン地方にある、カチン独立軍の第一旅団本部に滞在していた。木と草におおわれているが古い死火山ではないかと思える、きれいな円錐形をした標高一七〇〇メートルあまりのラコン山の中腹に、木と竹でつくった茅ぶき屋根の小屋が五〇軒ほどならんでいる。旅団軍務室、カチン独立機構の北部管区行政室、野戦病院などの各部署と兵舎で、百数十名のゲリラたちが暮らしている。

ラコン山は、雷の精霊が住まう山として人びとに畏敬の念を持たれており、周辺の村人が日照りの年に山頂で雨乞いをすることもあるという。

わたしは、北部管区長室のある小屋に泊まっていた。土間に古びた机と椅子と竹の寝台があるだけで、山小屋みたいな感じである。斜面の上の方にあり、裏はもう草やぶと林だった。鳥の鳴き声と蝉しぐれがよく聞こえた。

日中の気温が摂氏四〇度におよぶ酷暑がつづくなか、旅団本部では軍法会議がおこなわれていた。関係者以外は出席できなかったが、会議のたびに出ているサマダー・ラ・オン北部管区長の説明によれば、J・N少尉という三十代前半の男性が、五月にひとりの女性兵士を拳銃で射殺した罪を問われているのだった。

事件と軍法会議

事件は、旅団本部から西へ歩いて一五分ほどのンローコン村で起きた。

J・N少尉はその村に家があり、本部守備隊の任務が休みのときは帰宅して、妻子とともにすごしていたが、焼畑の整地や種まきで忙しい五月は、畑仕事をするために許可を得て帰る日が多かったという。

焼畑で、火入れのときに焼け残った倒木を寄せ集め、もう一度焼いて整地する仕事は手間がかかる。その手伝いを少尉が部下の女性兵士に頼み、彼女が泊まりがけで手伝いにいったことが、結果的に悲劇につながった。

五月半ばのある夜、J・N少尉は自宅で夕食のときに酒を飲んで酔っぱらい、ささいなことがきっかけで妻とのあいだにいさかいが起きた。激昂した少尉は何を思ったか、将校にだけ貸与され携帯が許されている拳銃を手にとり、銃口を妻に向けた。そして、引き金をひいた。だが、弾は妻の頭をかすめて逸れ、後ろの壁ぎわにいた女性兵士の頭部に当たってしまったのだ。

彼女は、ンローコン村にあるカチン独立機構運営の人民病院に運ばれたが、出血多量で死亡した。死ぬまぎわに何か言おうとして口をかすかに動かしたが、言葉にならず、涙を流しながら息をひきとったという。まだ、二十歳前後の若さだった。

呆然としたままの少尉は、急を聞いて駆けつけた旅団本部の守備隊に逮捕された。拳銃を取りあげられて本部に拘禁され、軍法会議にかけられることになった。

想像だにできぬ災厄に見舞われた女性兵士の死を悼む気持ちは、旅団本部の将兵に共通していた。かれらを沈鬱にさせたのは、彼女のいのちを奪ったのが上官であり、共に民族の自治権をもとめてビルマ政府軍と闘うべき同志であったことだ。しかも、J・N少尉は酒に酔い、夫婦のけんかにあろうことか拳銃を持ちだして、妻を撃ったはずみに、何の罪もない女性兵士を誤殺したのである。

北部管区長は非常にきびしい見方をしていた。

「J・N少尉はとりかえしのつかない罪をおかしました。責任ある職務につく者が、酒に酔って自制心をなくし、部下であり同志である人間を殺したことは、重大な軍律違反だし、民族自治権運動の団結をそこなう許すまじき行為です。きびしい姿勢でのぞまなければ、規律と士気に悪い影響を与えるでしょう。亡くなった女性兵士の肉親や地域の住民にも納得のいく処分が必要です」

分別ざかりの壮年の、いつもは温和なサマダー・ラ・オン北部管区長だが、この件にふれると、眉間にしわを寄せ、重苦しい声になった。

実は、J・N少尉は以前にも拳銃のあつかいに関して何度か問題を起こし、上官から注意を受けていた。マリ川（イラワジ河上流）の畔にある砂金鉱で、砂金採りにきた村人と町からの出稼ぎ者を前に、作業と売買の決まりやカチン独立機構への採掘税について説明中、少尉は拳銃をかざして空へ発砲するなど、威圧的な態度をとったのだという。また、何か気にくわないことがあったのか、砂金採りの老人を拳銃の台尻で殴ったこともあるそうだ。

彼は粗暴な性格だったのだろうか。確かなことはわからないが、自治権をもとめて闘うゲリラ組織も人間の集団である以上、規律正しいメンバーばかりではなく、将校の地位と武器の力を乱用する者がまじっていても不思議ではない。それにしても、少尉はいつからどうして、拳銃を誇示するあまり、同志を殺して自らをも滅ぼすような道におちいったのであろう。

J・N少尉とは、わたしが旅団本部を足場に村々を取材で訪ねている合間に、一度挨拶をかわしただけで、話をする機会はなかった。大柄で肌の色が浅黒く、気が強そうな顔つきをしていた。どちらかといえば寡黙そうな印象だったが、実際のところはわからない。事件のことを耳にしたとき、彼の横顔が暗い影をおびて脳裏に浮かんだのは、無惨な事件の内容が記憶のなかの像に投影されたせいだと思う。

軍法会議については、中国雲南省との国境地帯にある、カチン独立軍総司令部にも判断を仰ぐため無線で連絡され、審理にかなりの時間がついやされた。

絶対の死の場所へ

判決が下ったのは六月七日、土曜日だった。その朝、昨日までは気配さえなかった黒い雲が南の空に垂れこめ、湿り気をふくんだ風がやはり南から吹いてきた。雨滴もぱらついたが、雨は降らず、薄曇りの天気になった。

正午すぎ、旅団本部の真ん中あたりにある兵舎の会議室からもどった北部管区長は、疲れきった面持ちで、「処刑することに決まりました……」とだけ言い、執務室の隣にある寝室に入った。体の節々が痛いので横になるとのことだった。

竹小屋の表に出ると、涸れ沢の向こう側の斜面にある兵舎からJ・N少尉が外に連れだされ、銃を手にした数人の兵士たちにうながされて坂を下っていくのが見えた。草色の軍服を着た後ろ姿だけで、顔の表情は見えない。手はしばられていないが、頭に赤い布が鉢巻きのように巻かれている。

赤い布は軍法会議で死刑と決まったしるしだということを、わたしのそばに立っていた小柄な兵士が教えてくれた。それは、銃殺のときに目かくしとしても使われるのだという。処刑の場とされる旅団本部はずれの森へ、死体用の穴を掘る役目の兵士たちが、スコップを持ってすでに向かっているらしい。

J・N少尉はのろのろと歩いていた。もう自分がどうなるのかわかっているにちがいないが、声をあげるでもなく、逃げだすそぶりもない。いったいどんな気持ちでいるのだろう。絶対の死の場所、しかも他者の手によって自分のいのちが絶たれる処刑場に向かって歩まざるをえないとき、人間の心にはどのような感情が湧きあがるのだろうか……。

わたしはみぞおちに何かがつかえ、背中にも悪寒のようなものが走るのをおぼえた。少尉の姿は斜面の線の向こうにかくれて、いったん見えなくなった。

会議室のある兵舎から、判決について説明しているらしい高ぶった声が聞こえた。それがやむと、村人もふくめた二〇人あまりの人たちが外に出てきた。みんな押し黙っている。幼い子供を連れた婦人が、地面に泣きくずれた。しぼり出すような泣き声が響いた。

「J・N少尉の奥さんだよ」と、かたわらの兵士がつぶやく。

酔ったあげく、もののはずみとはいえ自分の妻を拳銃で撃ちそこね、無関係の女性を殺してしまった男なのに、やはり夫婦の情というべきなのか、夫が処刑されることに彼女は打ちひしがれ、身も世もあらず嘆き悲しんでいる。夫はもう手のとどかないところへ去ったのだ……。婦人は、少尉が連れてゆかれた方角に背を向けたまま、顔を両手でおおっている。

旅団本部のあちこちに人影が立ったりしゃがんだりして、連行される少尉の一行をながめている。中腹を南東に向かう平坦な道まで下りた一行の姿が小さく見えた。道は、荷鞍をつけた馬がすれちがえるほどの広さだ。右手は台地になっていて、新兵の訓練などをおこなう広場がある。そこにも人影がいくつか立っている。

一行はゆっくりと進んでいた。J・N少尉の頭の赤い布が、見つめるわたしの眼を射る。少尉が歩みをとめた。どうしたのだろう。足がすくんでしまったのだろうか。前後と横を歩いていた兵士らも立ちどまる。やがて、ストップモーションが解けたかのように、少尉はふたたび動きだした。彼はもうわれわれとは異なった時間の流れに身をおいているのかもしれない。

息がつまるような、それでいてどこか現実ばなれした白昼夢みたいな光景だ。あるいは、何かの野外劇でも演じられているのではないかと疑いたくなる。

しかしまた、いまこの瞬間にも彼の心臓は鼓動し、血は体内をめぐり、胃と腸は食物を消化している。目も耳も鼻も皮膚も感覚をはたらかせ、脳は思考しつづけている。われわれと何ら変わるところなく……。

なのに、もうしばらくしたら、彼の心身の動きはすべて途絶えてしまうのだ。ふと、以前何度か読んだジョージ・オーウェルの、ビルマを舞台にした「絞首刑」というエッセイのことが思い出された。

最後の瞬間まで

絞首台まではあと四十ヤードくらいだった。わたしは自分の目の前を進んで行く囚人の、茶色い背中の素肌をみつめていた。腕を縛られているので歩きかたはぎごちないがよろけもせず、あの、インド人特有の、決して膝をまっすぐ伸ばさない足どりで跳ねるように進んで行く。ひと足ごとに、筋肉がきれいに動き、一掴みの頭髪が踊り、濡れた小石の上に彼の足跡がついた。そして一度、衛兵に両肩をつかまれているというのに、彼は途中の水たまりをかるく脇へよけたのだ。

妙なことだがその瞬間まで、わたしには意識のある一人の健康な人間を殺すというのがどういうことなのか、わかっていなかったのだ。だが、その囚人が水たまりを脇へよけたとき、わたしはまだ盛りにある一つの生命を絶つことの深い意味、言葉では言いつくせない誤りに気がついたのだった。これは死にかけている男ではない。われわれとまったく同じように生きているのだ。彼の体の器官はみんな動いている――腸は食物を消化し、皮膚は再生をつづけ、爪は伸び、組織も形成をつづけている――それがすべて完全に無駄になるのだ。爪は彼が絞首台の上に立ってもまだ伸びつづけているだろう、いや宙を落ちて行くさいごの十分の一秒のあいだも。彼の目は黄色い小石と灰色の塀を見、彼の脳はまだ記憶し、予知し、判断をつづけている——水たまりさえ判断したのだ。彼とわれわれはいっしょに歩きながら、同じ世界を見、聞き、感じ、理解している。それがあと二分で、とつぜんフッと、一人が消えてしまうのだ——一つの精神が、一つの世界が。

（『オーウェル評論集』小野寺健編訳、岩波文庫）

この文章は、『一九八四年』『動物農場』『カタロニア讃歌』などで知られるイギリスの作家、ジョージ・オーウェル（一九〇三〜五〇年）が、イギリス植民地時代のビルマで警官をしていたころの体験から生みだされたものだ。

彼の本名はエリック・ブレアといい、イギリス領インドで植民地政府の官吏の息子として生まれ、本国で教育を受けたあと、イギリス領インドの属州だったビルマで一九二二年から五年間、警察につとめている。

「絞首刑」の舞台は、ビルマ南部のどこかの街の刑務所だ。雨季のじっとりした朝、オーウェルは死刑囚を絞首台へ連れていく職務を遂行中に、死刑囚がごく自然に水たまりをよけて歩くのを目にして、万人の内にある生命の本能のあらわれに胸を衝《つ》かれる。自分たちと同じひとりの人間、ひとつの生命を絶つということが、何を意味するのかをさとるのだ。

わたしは、死刑囚が水たまりをよけて歩いたというところが強く印象に残っていた。そこに、人間の生死の不可思議さが凝縮されているように思えた。だから、いまJ・N少尉も処刑場への途中、まだ雨水のたまっていない窪みや路上に突き出た石などを、意識してにせよ、無意識のうちにせよ、よけながら歩いているのではないかと想像した。

彼の身体も精神も、最後の瞬間まで普通に活きてはたらきつづける。そう考えれば考えるほど、自分と同じような生命がもうすぐこの地上から消えてしまうという現実が、ひしひしと伝わってくる。

銃声と水たまり

少尉たちの一行は広い道から右へそれて、森の中へ入ってゆき、姿が見えなくなった。わたしは森の方を見つめながら、聞こえてくるはずの音を待った。旅団本部にいる誰もが息をひそめて、その音を待っているように思われた。口の中が渇いていた。

だが、その音、すなわち銃声はなかなか聞こえてこなかった。かれらはどこまで森に入っていったのだろうか。それとも、すでに目的地について、刑の執行にとりかかろうとしているのか。

旅団本部のあちこちに見えていた人影もいつのまにか減っている。泣きくずれていた少尉の妻も、村人といっしょにどこかへいなくなっていた。

わたしが立っている場所のすぐ横にある小屋で、鍋に竹筒の水をそそぐ音がした。午後一時を回り、炊事当番の兵士らが米を炊きはじめるのだろう。ゲリラ部隊では、朝と午後遅くの一日二食が決まりである。わたしは、そろそろ空腹を感じてきていることにぼんやりと気づいた。

その直後、南東の森から銃声が二発聞こえた。かなり離れているのに、耳の芯まで硬く響いてくる音だった。山腹にならんだ兵舎と、銃声がした森と、その向こうの山なみと空をおさめた視界が、不意に傾いたような気がした。銃声が風景に胸苦しい意味を塗りこめてしまった。

わたしは自分の部屋にもどって、竹の寝台に腰かけた。今しがた、この近くの場所でひとつの生命が絶たれた。オーウェルの表現を借りるなら、ひとつの精神が、ひとつの世界がまさに消えたのである。

しかし、わたしは暗澹《あんたん》とした気持ちにとらわれてはいるが、思ったほどの衝撃は受けていないようだった。胸の鼓動が速まったわけでもなく、目まいがするでもなく、うめき声をあげるでもなかった。ただ、頭のなかがぼうっとかすみがかかったみたいだ。

それはなぜなのだろう。やはり、わたしにとってJ・N少尉はよく知らない他人であり、その死も無縁の他者の死としてしか感じられないからだろうか。あるいは、頭のなかが判断停止状態におちいっているのだろうか。

ひとりの人間が銃殺刑にされてこの地上から消えていっても、旅団本部では今日も昨日と同じ時間に炊事の仕事が始まっている。何事もなかったかのように、日常というものがくりかえされている。ひとつの胃袋が消えて、ほかの多くの胃袋は空腹をおぼえながら、食事の時にそなえる。たしか「絞首刑」のなかに、似たようなことが書かれていた。

われわれは絞首台のある庭を離れると、刑の執行を待っている死刑囚の独房の前をとおり、刑務所の中央にある広い庭へ出た。受刑者たちは、鉄のたががはまった竹の棍棒を手にした衛兵たちに監視されながら、すでに朝食にありついていた。一人一人がブリキの小皿を手にしてうずくまっている列の前を、バケツを持った二人の衛兵が米をすくってやりながらまわって行く。絞首刑のあとでは、これはじつに家庭的な楽しい光景だった。

(前掲書)

この日、六月七日の午後遅く、わたしは豆のスープをおかずにして、ご飯をふだんと同じくらい食べた。夕方、旅団本部の兵士たちはこれも日課となっているバレーボールに興じた。ボールのはずむ音と喚声が響いた。

明くる日、モンスーンがついに訪れた。南西から湿った強い風が吹き、空をおおった黒雲が雨を運んできた。そして、地面のあちこちに水たまりができていった。

残像

雨季が始まった。日ごと夜ごとの雨に、草木はつやをとりもどして緑の原色を深め、焼畑にまかれた作物の種と芽は息を吹きかえしたかのように育ちはじめた。

わたしは茅ぶき屋根を打つ雨音を聞きながら、森に消えていったJ・N少尉の後ろ姿をしばしば思い出した。あのとき、少尉は一度もふりかえることなくゆっくりと遠ざかっていったのだが、その残像をくりかえし思い浮かべるうちに、なぜか不意に彼がくるっと首をねじまげてこちらを振り向く映像が、奇妙にも心のなかに湧いてきた。少尉の顔かたちは定かでなく、あいまいな像しか結ばないのに、軍法会議で死刑と決まったしるしとして頭に巻かれた赤い布だけは、胸騒ぎがするほどあざやかなのであった。

長雨の夜、竹の寝台の上で寝つけぬまま、J・N少尉の後ろ姿と不意討ちめいてふりかえる想像上の姿が脳裡に浮かんでくる。わたしは竹簀《たけす》をきしませながら寝返りを打っては、そのイメージをふりはらおうとするが、それは頭の隅にこびりついてなかなか離れなかった。

そんなとき、北部山地に来る前に訪れたカチン州西部のフーコン地方で知った、あるできごとが思い起こされた。

処刑されたスパイ

フーコン地方は、イラワジ河上流にあたるチンドウィン川水系流域にひらけた、広大な盆地状の河谷平野である。樹海がひろがり、所どころに丘陵がうねっている。

一九八六年三月二二日、このフーコンの森でカチン独立軍とビルマ政府軍のあいだに起きた戦闘を、わたしは目撃した。ゲリラ部隊が待ち伏せして奇襲し、朝から午後遅くまで銃砲声が響きわたった。政府軍は十数名の戦死者を出して退却した。ゲリラ側は戦死者一名、負傷者八名だった。

戦闘があった日から五日後、作戦を終えたゲリラ部隊とともに、カチン独立軍第二旅団本部にもどった。そこはダナイ・ヤンという所で、フーコン地方の東南の隅に位置し、谷間を流れるダナイ川の畔にあった。竹小屋の兵舎と、ゲリラの家族が住む半高床式の民家がならんでいた。

二週間ほど滞在しているあいだに、ひとつの暗い印象を残すできごとが起こった。ビルマ政府軍がゲリラの動向をつかむためにひそかに放ったスパイが捕らえられ、取り調べられたのちに処刑されたのである。

わたしはこの件について、第二旅団の責任者にくわしい話を聞く機会はなかったが、伝聞によると、スパイであった男性はカチン人で、年齢は三十代の前半くらいだったという。地元の人間ではなく、カチン州のなかでも、州都ミッチーナとビルマ第二の都市マンダレーを結ぶ鉄道ぞいの平野部にある町の出身らしかった。

その男はスパイであることが見破られるまでは、乾季のフーコン地方へ狩猟にやってきたと偽って、ダナイ・ヤンなどの集落に泊めてもらっていた。しかし、男は猟銃を持ってはいるがさして狩りに励んでいる様子もなく、ダナイ川ぞいの村々を訪ねては村人と話しこむことが多かったという。それとなく、ゲリラの動きや民情を探っていたのだろうか。

不審に思った村人から男のことを聞いた、カチン独立軍の情報部員が村人をよそおって男と会い、話をするうちに怪しいと考えて、男の身柄を拘束することになった。旅団本部で取り調べると、話の内容にちぐはぐな部分が目立ったので、何人かの情報部員が私服姿で男の出身地へおもむいてひそかに男のことを調べた。

すると、男の言葉には偽りが多いという事実と、これまでも政府軍の将校らと接触しているとの情報が得られた。こうした事実と情報を突きつけられて、ついに男はスパイであることを認めた。そして、処刑されることが決まったのである。

報復の論理

わたしは、その男性が処刑されたことは後になって知った。そこにいたる経過や、どんな取り調べと手つづきがおこなわれたのか、くわしいことはわからない。ただ一度だけ、後ろ手にしばられた男が兵舎の前庭に座らされているのを、通りすがりに見ただけである。

男は洗いざらしの半袖シャツを着て、ビルマの伝統的な衣装であるロンジーという筒形の腰巻きをはいていた。背は高くないが、頑丈そうな体格で、たくましげな顔つきだった。しかし、照りつける陽射しの下、ひび割れた地面にあぐらをかき、手の自由を封じられ、うつむきかげんで、どこにも焦点が合っていないような目をしていた。

まわりには、尋問係の情報部員と銃を持った見張りの兵士ら四、五人がしゃがんでいた。誰もが押し黙っていた。いったいそこで何がおこなわれているのか、見ただけではよくわからないし、当人たちにも本当は理解できていないのではあるまいか、と思わせるような妙に静かな真昼の光景だった。何か無言劇のけいこでもしているかのような、現実感の薄い、どこか冷えびえとした、南の森にかこまれた土地の風景と空気にそぐわないものが、その場には漂っていた。

「あの男はビルマ政府軍のスパイらしいよ……」と、いっしょに歩いていたゲリラがわたしに告げたのだが、わたしは一刻も早くそこを通りすぎたかったような気がする。

スパイという存在にまつわる言いようのない陰鬱さを感じて、忌避感めいたものがはたらいたのかもしれない。見てはならないものを見てしまったような気持ちが、胸に沈んできたともいえる。

どのような事情があれ、人が捕らえられて自由を奪われ監視されている光景は、たとえ拷問などおこなわれていなくても明らかに暴力の気配を秘めて、禍々《まがまが》しさを感じさせずにはおかない。しかし、まさかその男性が処刑されるとは思いもよらなかった……。

後で知ったことだが、スパイは捕虜とちがって死刑にするのが掟なのだという。

一方、捕虜はあきらかに敵として戦場で相まみえた相手であり、そこに偽りはなく、武装を解除された捕虜に罪はないと考えられている。また、ゲリラ側の政治目的の正当性を宣伝するためにも、民主的な権利を認めないビルマ政府の圧政や少数民族への弾圧の実態などを捕虜に訴えておいて、釈放した方が得策だということらしい。

ただし、非戦闘員の住民を虐殺したり拷問したりした政府軍の将兵に関しては、捕虜であっても、その悪行を明らかにする住民の証言が得られれば、軍法会議にかけて死刑に処す場合もあるそうだ。

だが、スパイは周囲を欺いてもぐりこみ、ゲリラ側に打撃を与える情報を持ちかえったり、ゲリラのリーダーを暗殺したりする、悪辣《あくらつ》な存在だと見なされているから、見せしめのためにもきびしい処置がとられているのである。しかも、同じカチン人なのにビルマ政府軍の手先になって民族の裏切り者ではないか、という憎しみも強いのであろう。

しかし、カチン人でも政府側について軍人や役人やビルマ社会主義計画党（当時の法律で定められた一党独裁制に基づき、政府や軍よりも優位にある政権党。幹部は元あるいは現役の将軍たち）の職員をしている人たちも、多数派ではないがいるわけで、スパイといっても政治的立場がちがえば、民族の裏切り者とは見なされなくなる。

さらに事情は複雑で、ゲリラ側にも政府軍の動きを探るため都市部で地下活動をする情報部員がいるが、政府側から見ればスパイであるため、露見すれば捕らえられ、拷問された末に殺されるのが普通だという。

また、戦闘員でも捕虜になったあとで殺害されるケースも多い。たとえば、フーコン地方に来る前に取材したヒスイ鉱山のあるパカンという地方で、この年の三月にひとりのゲリラが家にもどったときに政府軍に捕まって、ウル川の岸辺で目をえぐられて殺されたとの知らせを、わたしも聞いている。

いわば「目には目を」という報復の論理が双方にあって、憎しみが憎しみを呼ぶ内戦下の悪循環におちいっているのではなかろうか。

銃剣と恐怖

ともあれ、スパイの汚名を着せられた男は、ダナイ・ヤンの村はずれの森で処刑された。わたしがそれを知ったのは、処刑がおこなわれた次の日の夜だった。泊まっていた兵舎の一室で竹の寝台に横になっていたら、竹で編んだ薄い壁ごしに兵士たちの話し声が偶然聞こえてきたのである。かれらは土間で焚き火をかこみながらぼそぼそと話していた。

「昨日のあの男のことだけど、すっかり覚悟していたのか、最後までふるえもせずに立っていて、銃剣で刺したときも、ウッとひと言うめいただけだったのには驚いたよ。当分、忘れられそうにないな……」と、ひとりが胸のつかえを吐露するような声で言った。

「そうだったかな……。木にしばりつけられて、たしか体をふるわせていたし、目もどこを見てるのかわからない目で、銃剣で突いたときにしぼりだすような悲鳴をあげたんじゃなかったかい」

もうひとりがややこわばった口ぶりで応じる。

わたしは身をかたくして、耳をそばだてていた。昨日、あの男が銃剣で突き刺されて処刑されていたとは……。

「何だかそんな風に言われると、どっちだったかわからなくなるよ……」

間をおいて、別の声が聞こえた。それから、しばらく沈黙がつづいた。わたしは暗闇のなかで目を見開いたままだった。

亜熱帯の森の木かげ――。乾季の熱した空気の火照りをおびていたにちがいない木の幹にしばりつけられて、立ちつくす男の影。それをとりまいているいくつもの人影。そのなかから三つの影が歩み出て、半自動小銃を腰のあたりで水平にかまえる。突然、影と影と影が次々に、木にしばりつけられた男に向かって身を躍らせる。銃剣が閃いて、それ自体何かの生き物であるかのように前へ伸びる。切っ先が何度も男の体に吸いこまれ、そのたびに男の体は生きているものとしての輪郭を失い、くずおれてゆく。倒れ伏した人影と、それを見下ろしている人影たち。地面には黒い血だまり。声も、音も、何も聞こえない……。

想念のなかで、処刑の場面はなぜかまったくの影絵の世界だ。しかし、ただひとつ銃剣だけが鋭く白く光って、禍々しくも恐怖の異相を放っている。処刑の場面を想像するうちに、銃剣の鋼の尖端が自分の胸もとに突き迫ってくるようで、思わず目を閉じ、唾をのみこむ。

処刑が銃殺刑ではなく、銃剣による刺殺だったという事実が、より本能的な恐れを呼び起こすのだ。銃殺と刺殺とでは、彼我の距離感に決定的なちがいがある。銃剣を突き刺すとき、きっと言葉では言いつくせない手ごたえがあるはずだ。相手の苦悶や息づかいも直《じか》に伝わってくるだろうし、返り血も浴びるだろう。殺す側と殺される側があまりにも生なましい血と恐怖の一点において接し、交錯するのだ。思ってもみるだけで、皮膚が粟立ってくる。

人間の修羅の闇

「とにかく向こうはスパイだったんだから、弾を無駄に使うわけにはいかないし、銃剣でやるしかなかったんだよ。そう命令されたし、いままでだって同じようにしてきたんだからな……」

沈黙を破ったのは、先ほど二番目に発言した兵士の声らしかった。

「そうだな……。あれこれ考えても仕方ないしな……」と、最初に口を開いた兵士がつぶやくように言う。

やがて、話題は友人や肉親の消息へと移っていった。しかし、わたしはなおも銃剣によるスパイ処刑について考えるのをやめられなかった。

木にしばりつけられた男を銃剣で刺突したとき、三人の兵士たちが受けた印象がそれぞれ異なるのはどうしてなのだろう。処刑する側であるかれらも、やはり神経が張りつめ、緊張の極みにあって平静さを失っていたと思われる。むろん普通の人間にとって、人のいのちを奪う行為のさなかに平静でいられるはずはない。たとえ三人がゲリラ兵士として、何度も戦場に立った経験があるにしてもだ。

もしかしたら、兵士たち一人ひとりの心理状態によって、ばらばらの印象が心にきざまれたのかもしれない。憎しみ、動揺、あわれみ、逡巡、戦《おのの》きなどがないまぜになった胸中のありように応じて、相手の姿・態度が異なって目に映るのだろうか。あたかも鏡をのぞきこむように、自らの心理状態がそこに投影して、印象はどのようにも変わりうるのか。あるいは、無我夢中で頭のなかが空白になり、手足が無意識に動いてしまうのであろうか。

しかし、こちらがいくら考えても、結局は当事者にしかわからないことなのだ。若いゲリラ兵士たちの心の奥でどんな感情が湧きあがり、いま何がわだかまっているのか、かれらと同じ立場になってみなければわかるはずはない。

一方、銃剣で体をえぐられ、つらぬかれて息絶えた男は、捕らえられてから処刑場へ連行され、銃剣の前に立たされる時まで、何を思い、何を感じていたのだろう。これもまた、当人でなければわからない。ただ、最後の瞬間まで、彼の頭脳も神経も内臓もはたらきつづけていたことはまちがいない。

男はどんな生い立ちをして、どのように生き、なぜ政府軍のスパイになったのか。家族はどうしているのだろう。フーコン地方にやって来さえしなければ、薄暗い森の樹の下で、絶望と恐怖と断末魔の苦しみの底でいのちを絶たれることはなかっただろうに……。

処刑の場は、第三者には到底うかがい知れぬ「闇」におおわれていたにちがいない。「闇」は、戦争という異常な状況下、敵と味方の「絶対二分の法則」と、暴力が暴力を呼び、怒りや憎しみや恐怖や熱情や冷酷などが人の心を麻痺させる「戦場の重力の法則」に支配された、時間と空間のなかで修羅におちいった人間たちがつくりだしたものだ。あるいは、元から人間の内部にある修羅そのものが、外界にあふれ出してつくりあげたものとしての「闇」ともいえるだろうか……。

日本兵と銃剣

だが、その「闇」と自分自身が無縁であるかといえば、それはちがう、という声がわたしの内部から聞こえてくる。もし、自分が戦争の当事者で、「絶対二分の法則」と「戦場の重力の法則」にあらがえない立場におかれれば、大勢に流されて、結局はそうした「法則」に身をゆだねてしまうのではなかろうか。

そう考えると、以前読んだ『日本人は中国で何をしたか』(平岡正明、潮出版社、一九七二年)という本に載っていた一枚の写真が思い浮かんでくる。杭にしばりつけられた二人の中国人男性に日本兵が銃剣を突きつけている、白黒の写真だ。中国人たちは生きたまま銃剣の刺突訓練の的にされた捕虜か民間人である。

一九三一年（昭和六年）の満洲事変に始まり、一九四五年（昭和二〇年）の日本の敗戦で終わる一五年戦争中、中国を侵略した日本軍が虐殺や略奪や強制連行や人体実験など、悪行の限りを尽くしたことはすでに歴史の事実だ。

この本のなかに、昭和一五年に入隊し、翌年、中国山東省で捕虜を標的とする刺突訓練をさせられた、元日本兵の証言が記されている。

〝標的〟は棒杭に縛りつけ、目かくしをして、横一列に並べられています。五十メートルくらいはなれて初年兵五十人も横一列に並びます。教育班長が〝標的〟のすぐ横に立つ。突撃命令を下すんです。かまえます。〝ススメ〟と声がかかる。私は足がガクガクし目標が定まらないのですが、いきおいをつけて走りだします。目標の五メートルほど前まできます。そこまで走ってきたところで――〝突っ込め〟と号令がかかる。かけごえにはずみをつけさせられる形で、目標めがけて銃剣を突きだすわけです。リズムにのせて殺させようというわけですね。

〝突っ込め〟の号令を聞いたとき、目の先がチカチカし、口はからから、まるで自分がそこでひからびてしまう状態です。あとはリズムにしたがうだけです。ガキッという手ごたえで、リズムは頓挫します。〝よしっ〟という班長の声でわれにかえり、夢中で銃剣を引きぬきました。そして班長が教えてくれたんですよ。〝いまのは肋骨にあたったのである。冷静に心臓を突くように……〟

一人の〝標的〟を初年兵が何人もで突くんです。私がやったときは四番目でしたが、血だらけになっていてもその敵兵はまだ生きていました。これが私の最初の殺人の記憶です。

軍隊という組織、特に侵略軍というものが、いかに人間の心を麻痺させていく仕組みを内包しているかが如実に示されている。そして、普通の人が侵略軍の一員に組みこまれ、大勢に流され、「戦場の重力の法則」にとらえられて、否応なく殺人を重ねていってしまう始まりの姿が浮き彫りにされている。

銃剣の刺突訓練の場もまた、修羅におちいった人間たちがつくりだした「闇」、人間の内部の修羅があふれ出してつくりあげた「闇」におおわれていたにちがいない。

仮にわたし自身がこの元日本兵と同じ立場におかれたら、ほかにどんな選択があるだろうかと考えこまざるをえない。それは、つい数十年前に確かに起きたことなのである。

しかも、戦後から今日にいたるまで、大多数の日本人はこうした事実を直視してこなかったし、罪責を感じてもこなかった。いつかまた同じことをくりかえさないという保証もない。その大多数にわたし自身もふくまれていることを、中国と隣り合い、アジア太平洋戦争中には日本軍も侵攻していた、このビルマの地で痛感させられる……。

銃剣によるスパイ処刑の事実を耳にした夜、夜が際限なくわたしの想念を駆り立て、現在の闇と過去の闇のあいだをさまよわさせずにはおかなかった。

流血と死の記憶

ビルマ政府軍のスパイだった男の処刑に手を下した三人は、いずれもカチン独立軍第二旅団の精鋭部隊に属していた。かれらは何度もビルマ政府軍との実戦を経験してきている。処刑がおこなわれた日の二週間あまり前の三月二二日にも、フーコン平野の樹海の廃村跡で起きた戦闘に参加していた。

銃火が交り、火薬と鉄の暴力が肉をえぐり、血潮にまみれた死が襲いかかる戦場。その、生と死が紙一重の恐怖に支配された戦場という時空に身をさらした記憶もいまだ生なましく、余熱が体の底に澱のように沈んでいるときに、三人はスパイ処刑を命じられたのだ。そして、戦場での敵あるいは味方の流血と死に接してからさほど日をおかずして、また新たに流血と死の記憶を心身に刻みつけることになったのである。

しかし、かれらとて最初から戦争にまつわる流血と死に深い関わりを持っていたわけではない。もしもこの国で、一九四八年のイギリス植民地からの独立以来、内戦がつづいてきさえしなければ、村や町に生まれ育ったかれら若者は戦場でいのちのやりとりを強いられることもなく、それぞれ平和な日々を送れたはずだ。

ところが、多数派のビルマ民族中心主義をとる軍部独裁の政府が、国民の民主的な権利も、少数派の境遇におかれたカチン人など諸民族の自治権も認めない圧政をしいたがゆえに、諸民族の人びとは自らの地域と文化などを守ろうとして抵抗をつづけてこざるをえなかった。そのため、数多くのカチン人の若者が抵抗運動に身を投じて、戦場の危険に身をさらすようになったのだ。

三人のゲリラ兵士たちもスパイとして処刑された男性も、立場こそちがえ、ひとしく内戦の渦中に巻きこまれて、どのようなめぐり合わせによってか、一方が一方のいのちを絶対的に優位な位置から奪い、しかも両者の位置が逆転することはありえない、冷酷な仕組みが貫徹する処刑場という抜き差しならぬ場に立たされることになった。このときまで、両者は互いにまったく見知らぬ間柄であったというのに……。

内戦の渦中で、この地の人びとは否応なく当事者として危うい生死の局面に向き合わざるをえない。J・N少尉の処刑といい、政府軍スパイの処刑といい、こうした事実をまざまざと示している。

そしてまた、戦場での抜き差しならぬ当事者と当事者の非情な関わりを見せつける、あるできごとを、わたしは三月二二日のフーコンの森における戦闘で目撃したのだった。

戦場の修羅の影

戦闘が起きる前夜、カチン独立軍第二旅団の二百数十名にのぼるゲリラ部隊は、樹海に点在する沼の畔の野営地からカドゥン・ヤン村跡の草地に近い森に移動して、野宿した。

フーコン地方の真ん中を通る自動車道路（レド公路）ぞいの駐屯地を出発した政府軍部隊およそ一二〇名が、索敵行動をしながら森に入ってきて、カドゥン・ヤン村跡にほど近いコン・ジャー村をめざしているらしいという情報を、村人や村人に変装した偵察隊から得たからだ。この場所で政府軍を待ち伏せて奇襲攻撃する作戦が立てられた。

ゲリラ部隊を指揮しているのは、副旅団長でもあるラカン・パン・オン少佐だった。大型の自動拳銃を腰のホルスターに携え、政府軍から奪った野戦靴をはいて、機敏な身のこなしとてきぱきした物言いをする少佐は三九歳で、四児の父親でもある。出身地は、カチン州南東部の町バモーとシュウェリ川のあいだにある、山地のウラー・ボム村だ。一九六二年、一五歳で高校一年生のときにカチン独立軍に参加したという。

その後、第一大隊に所属して常に実戦畑を歩み、七四年に大隊長になった。七七年、第三旅団副旅団長になり、八〇年、第二旅団に移った。八四年、シンカリン・カムティー（サガイン管区北部の要衝）を奇襲し占領するなど、数々の戦果をあげ、ビルマ政府軍に恐れられるほどのゲリラ指揮官である。

ゲリラ戦の名手として数々の噂は聞いていた。たしかに、精悍な顔つきの下にどこかニヒルなものを秘め、かいくぐってきた戦場の修羅の影を感じさせる男だった。

少佐とわたしは野営地でこんな会話を交わした。

「一五のときから数えきれないほど戦闘に加わってきたけれど、不思議と自分から見えるところにいる者に、敵の弾が当たったことはないんだよ。だから、自分にも当たらないだろうと思うようにしている。二〇年近く前に一度、軽機関銃の弾が、地面に伏せていたわたしの軍服の背中をかすったが、傷は負わなかったな。でも、だから自分はいのち知らずの男だと言いたいんじゃないよ。死ぬのが怖くない人間なんているはずがない。戦場で戦いながら生き残るためには、その恐ろしさを自覚したうえで、なおかつ恐れない心づもりを持つことが大事なんだ。それが戦場での冷静で慎重な身の処し方につながるんだよ」

「つまり、場数を踏むということでしょうか」

「もちろん場数を踏むということもあるけど、いまわたしが言ったようなことを肝に銘じていなければ、いつか死ぬね、誰でも。ごろりと草や土の上にね……」

他者だけでなく自分自身までも突き放すような口調が印象に残った。

そのパン・オン少佐は明日の戦闘をひかえて、あらゆる場合を想定しながら作戦計画を詰めているだろう。黒い枝葉をすかして月光がもれている。どこかでふくろうが鳴いていた。

樹海の死闘

三月二二日、早朝。起きあがると、毛布がわりにした雨外套が朝露でしっとりぬれている。頭上で鳥のさえずりとはばたきが聞こえる。

戦闘部隊はすでに廃村跡の草地をとりまくように配置を終えたらしい。わたしは、草地の背後にある樹林で待機する看護兵グループといっしょだ。朝食用の飯包みを開く。野生バナナの葉にくるんだ冷や飯、魚の燻製とニンニクとトウガラシと野草を煮たおかずを、みんな黙々と食べている。

木もれ日が射しこんでくるにつれて、気温が上がりだす。遠くで手長猿たちが叫び声をあげる。森の動物たちの一日も始まっている。

誰もが息を殺して戦端が開かれる瞬間を待っていた。昨夜はほとんど眠っていないのに、緊張のせいか神経は冴えている。もうすぐ政府軍部隊はゲリラの罠のなかへ入ってくるはずだ。

空気を裂いて爆竹のはじけるような銃声が走った。時計を見ると、午前九時四五分だった。軽機関銃の連射音が追いかける。自動小銃の単発音がそれに交わる。トーンと竹筒で地面を打ったような音がする。迫撃砲の発射音だ。数秒後、山なりの放物線を描いて飛ぶ砲弾は、ドラム缶を思いっきり叩いたような着弾音を反響させる。

後方にいるわたしたちは、用があって動く者以外はそれぞれ木の根もとにしゃがんで、銃砲声に聞き入る。旅団本部と交信する無線機のモールス音が緊迫感をかき立てる。

迫撃砲弾が前方のどこかに落ちた。衝撃が下腹に伝わる。立てつづけにもう一発、二発、炸裂音が森の空気を震わせる。政府軍の反撃だ。木立の向こうで激しい銃火が入り乱れ、軽機関銃が吼えつづける。流れ弾が擦過音を引いて頭上をかすめる。戦場の時空が白熱してくる。

負傷兵が運ばれてきた。一人は首筋を、三人は足を迫撃砲弾の破片にやられたらしい。看護兵が手早く傷口を消毒して止血し、化膿止めの薬草をきざんで傷口に当てる。傷を負った兵士が顔をゆがめる。血と汗と土のにおいが漂う。

負傷兵の流血を目のあたりにすると、すぐそこで起きている戦闘が生なましい現実感をもって迫ってくる。戦慄を体の底に感じる。だが、わたしは手にしたカメラのシャッターを何度も切っていた。ジャーナリストの習い性なのか、無意識に眼が、手が動く。取材者として、目の前にくりひろげられる現実をとにかく記録しなければ、という意識もあるのだろう。

首筋を負傷した兵士が投げだした両足に手を置き、放心したような目で痛みに耐えている姿がファインダーのなかに映る。乱れた呼吸に波打つ裸の胸に、鮮血が糸を引いている。カメラのファインダーをのぞき、焦点を合わせながらシャッターを押していると、不思議と冷静に現実を見つめているような気がしてくるのはなぜなのだろう。肉眼によってだけではなく、レンズを通して一定の枠のなかに切りとられた光景に接しているからだろうか。

いったん銃砲声がやみ、奇妙な静けさが訪れた。しかし、再び銃声が森にこもる熱気を切り裂きながらこだました。トランシーバーから、「逃がすな！　包囲だ、包囲しろ！」と叫ぶパン・オン少佐の命令が聞こえる。迫撃砲の着弾音がかぶさってくる。

正午すぎ、また銃声がやんだ。政府軍部隊が退却しはじめたとの知らせが入る。カドゥン・ヤン村跡へと急いだ。まばゆい陽の光が満ちる草地に出た。硝煙と土埃のにおいが草いきれとともに立ちこめている。

草地の端から密林に吸いこまれている赤土の小道の先で、たたきつけるような銃声がした。退却中の政府軍に向かって八二ミリ迫撃砲が発射される。わたしはカメラをかまえてシャッターを押す。砲撃音が鼓膜を打つ。一〇秒後、樹海の向こうで地響きが轟いた。

「追え、追いつけ！」

迫撃砲のすぐ後ろに立つパン・オン少佐が、トランシーバーに向かって怒鳴る。血走った目が宙をにらんでいる。銃をかまえた兵士たちが小走りで木々の狭間に消えてゆく。その先で、銃撃音が跳ねかえる。

こちら側にのがれてきた政府軍のポーターの若者が、「今朝もろくな飯をもらえず、重たい荷物を背負わされた。戦闘に巻きこまれて、仲間のひとりが死んでしまった」と訴える。かれらは自動車道路ぞいのティンコック村に住むカチン人の村人で、政府軍に強制的に連れてこられ、米や弾薬や砲弾など数十キロの重荷を運ばされていたのだ。

ゲリラ側の戦死者がひとり担架で運ばれてきた。遺品の黒いテンガロン・ハットに血痕がついている。

わたしはさまざまな場面を撮影していく。

戦死体とカメラ

銃声は遠ざかりつつあった。少佐がわたしに手招きして、「もし見たければ、ついてきなさい」と低い声を発する。黙ってついてゆくと、草むらにうつぶせで倒れている政府軍兵士の死体が目に入った。そばには数人のゲリラ兵士たちが立っている。

少佐は右足の野戦靴を死体の脇腹に掛けて、無造作にごろりと仰向けに転がす。それがスローモーションのようにわたしの眼に映る。かつて映画で見た通りではないか。戦場で、敵の死体を足で転がすというのはやはり本当だったのだ。むろん政府軍の方も同じことをしているにちがいない。

戦場で敵の死体は足げにされるという事実。ここでは、死者は単なる物体としてしか見なされないのか……。ぽっかりと空洞のようになったわたしの内部で、何かが落ちるのが感じられた。

初めて見る戦死者の死体は胸を撃たれ、すでに死後硬直を始めていた。伸びきった右手がむなしく宙をつかんでいる。左腕はくの字に折れ曲がったままだ。野戦服がめくれて腹が見えている。口は半開きで、目は閉じている。草いきれにまじってかすかな屍臭がした。どこから来たのか、黒ずんだ血糊に蠅や蟻がもうたかっている。両足首を蔓でしばっているのは、同僚が何とか引きずっていこうと試みた跡らしい。銃や弾帯だけは持ち去ったのだろう。

戦場の非情さを物語る光景を前にして、思考力が鈍りかけてくるのを感じた。体が鉛を溶かしこまれたみたいに重かった。

それでも、わたしは我に返ったように、首から下げたカメラを持ちなおしてファインダーをのぞいた。ともかく、この場の光景を記録しておこうと思った。

一、二歩後ろに下がって、一眼レフカメラにつけた二八ミリ広角レンズの画面いっぱいに、死体とそのそばに立つゲリラ兵士たちを入れて、まず写した。次に、一歩、二歩近づき、カメラを地面に向けて死体だけを撮る。戦死者は大柄な若い男だった。真昼の光を浴びて草の上に横たわる死者は、寝返りを打ってまどろんでいるかに見えた。

　無意識のうちにわたしの体は撮影の姿勢をとり、眼は写真の構図を決めてレンズの焦点を合わせている。眼とレンズがひとつになったような錯覚をおぼえるのはこんな時かもしれない。

　そして、さらに死体の上半身のアップを撮るためにもっと近づいた。ファインダーに死者の顔が迫る。むくんで、つやのない褐色の顔色をしている。鼻の穴から凝《こご》ったような灰白色の洟《はな》がのぞいている。眠っているのではむろんなく、たしかに死に顔なのだが、強くゆさぶれば目を開きそうにもある。

　いや、やはりその顔のどこにも生の気配は皆無だ。

　シャッターを切って、ファインダーから目を離し、かがめていた腰を伸ばした。そのとき、横に立っていたパン・オン少佐が一瞬、凄まじい眼差しでわたしをにらんだ。刃が閃くような、これまで出会ったことのない視線だった。

　少佐は黙って、すぐに背を向けると、元来た方へ立ち去った。わたしは不意を打たれて体がこわばったまま、視線の意味を考えようとした。なぜ、少佐はあのような眼でわたしをにらんだのか……。あの眼は、たしかにわたしの行為を非難するような眼だった。死体の上半身に近づいてシャッターを押した直後のことだ。君はそこまでして写真を撮るのか、という怒りがこもっていたような気がする。だが……。

暑かった。汗がとめどなく吹き出てくる。思考がまとまらない。空を仰ぐと、太陽がまぶしく燃え、デイゴの木には真っ赤な花が咲いている。気がつくと、鳥のさえずりが聞こえ、遠くで手長猿たちが叫びだしていた。長く尾を引くかん高い声だ。泣いているのか、笑っているのか、怒っているのか、とぼんやり考える。

「ここに来なきゃ、死ぬこともなかったんだ。ビルマ軍は早くウンポン・ムンダン（カチン人の国）から出ていけばいい。そうすれば何も起こらないんだ」と、誰かが言った。

戦死体の胸ポケットからは数枚の写真が見つかった。妻と思われる若い女性とビルマ兵がならんでいる。別の一枚には、あどけない笑みを浮かべた男の子が写っている。写真のなかの瞳がこちらを見つめる。ほかにも死体を二体見た。一体はガラス玉のような眼球を見開いたまま倒れていた。

日が傾いたころ、銃声はやんだ。政府軍は十数名の戦死者を残して去った。ゲリラ側は戦死一名、負傷八名だった。戦死したゲリラ兵士は、デイゴの木の下に埋められた。キリスト教徒なので、木の枝で作った小さな十字架が立てられ、ハイビスカスの赤い花がそえられた。

政府軍が退却していったティンコック方面への小道ぞいには、銃弾の薬莢、迫撃砲弾ケース、毛布、飯盒、米、豆、塩などが散乱していた。

眼差しの意味

その夜、ゲリラ部隊は戦場の近くにあるコン・ジャー村に泊まった。翌日、森で野営し、次の日に第二旅団本部へと帰途についた。

道は樹海の底を曲がりくねっていた。運搬用の象の背中の荷かごに乗って揺られながら、あのときのパン・オン少佐の眼差しの意味を考えた。あれから、少佐はわたしを非難したり、冷たい態度をとったりするわけでもなく、普通に言葉を交わしていた。あの射抜くような視線がまるで現実のことではなかったような気もする。けれども、やはり忘れられはしない……。

政府軍兵士の死体の上半身に近づいて写真を撮ることによって、わたしは越えてはならない一線を越えたのだろうか。わたしの行為は死者を冒涜するものだと、少佐は感じたのかもしれない。

しかし、彼は彼で死体を足げにして物のように転がしたのではなかったか……。もっとも、仮に立場が入れ替わって、少佐自身が戦死して政府軍兵士の前にうつ伏せで倒れていたとしたら、やはり同じように野戦靴でごろりと仰向けに転がされたにちがいない。

かれらは敵味方同士であっても互いに戦場で相撃つ当事者として、死の淵にかかった危うい綱の上を渡るような、同じ死の危険性を分かち合っているといえる。そこで果てれば、敵に足げにされて転がされる運命にあることを覚悟してもいよう。戦場という修羅場で、まさに修羅と修羅として殺し殺される抜き差しならぬ関係にあるのだ。

ところが、わたしは取材者として銃のかわりにカメラを持って戦場に入りこんできた、一種の傍観者である。弾や砲弾に当たる危険はあるものの、殺し殺される抜き差しならぬ関係性の外側にいる。だから少佐は、戦死体の死に顔を撮るという行為に対して、当事者たちだけの領域に非当事者が勝手に踏みこんできたと感じて、憤りを発したのかもしれない。

だが逆に、敵の死体はあくまでも足げにすべき物でしかなく、その顔を撮ることは死体を物としてではなく人間として認めることにつながると見なして、少佐はわたしが余計なことをしたと考え、怒ったのだろうか。

それにしても、わたしはなぜ死体の上半身のアップを写したのだろう。ジャーナリストとしてより詳細な記録を残すべきだと考えたのか、一連の撮影の流れに埋没して、全景からクローズアップへという動きを何も考えずに実行したのか、それとも戦場の空気に煽られて夢中で迫真の映像を追いもとめたのだろうか……。

自分のしたことなのに、その理由がはっきりとわからない。少佐の眼差しの真の意味もいまだわからない。

ただ、確実に言えるのは、あのとき写真を撮りながら、死んだ政府軍兵士の痛みや苦しみに思いを致すことはなかったし、しばらくしてその死を無残に感じはしたが、悼む気持ちは持たなかった。

この事実をめぐって、後日わたしは思いもよらない、恐ろしい問いの場に立たされることになる。

虐殺された村人の墓

それからおよそひと月後、わたしはカチン州北部の山岳地帯に足を踏み入れた。乾季の燃えさかる白い日の下、あまりの光のまぶしさに陰画に反転したかのような銀灰色に映じる森が、山に谷にひろがり、方々の山ひだからは焼畑の火入れの煙が天をさして立ち昇っていた。

そして、例年よりも乾季が長びき、モンスーンの雨の到来が遅れるなか、カチン独立軍第一旅団本部に滞在し、六月七日、酒に酔って部下の女性兵士を拳銃で誤殺したJ・N少尉が、その罪により銃殺刑にされる処刑場の森へと去ってゆく姿を目にしたのだった。翌日、南からの湿った季節風と黒雲が雨を運んできて、やっと一九八六年の雨季が訪れた。

山地が雨につつまれる毎日が始まると、焼畑では陸稲やアワやトウモロコシなどの穀物、ダイズやウリやトウガンなどの野菜も芽吹き、丈を伸ばしていった。村人たちは雨の晴れ間をぬって、あるいは小雨のときを選んで竹皮の笠をかぶっては、焼畑の草取りに精を出した。

わたしは村から村へ訪ね歩いて、民家に泊めてもらい、焼畑や狩りや衣食住に関する暮らしの知恵、村の成り立ちや氏族の発祥にまつわる言い伝え、精霊信仰の儀礼、神話など、いろんな事柄について人びとから話を聞き、ノートに記していった。

自然のリズムに寄りそい、焼畑を中心にして森からの恵みを受けながら、自給自足の暮らしをしてきたカチンの村人たちだが、この国において長年、内戦がつづいている以上、いつも牧歌的な日々をすごしてばかりとはかぎらない。いくつかの村で、決して消えることのない戦争の惨禍の爪痕を見聞きした。

八月半ば、それまでの長雨が小休止したかのように晴れた日がつづいたその何日かめ、第一旅団本部から北へ歩いて四日のところにある、ロット・コン村を訪ねたときのことだ。台地状の山の背に一六軒のこぢんまりとした半高床式の家が散らばる、この集落に泊まった明くる日、一二年前の一九七四年にビルマ政府軍の手によって虐殺された村人の墓に案内された。

村から山腹を下りぎみに歩いて二〇分ほど離れた森の中へ、草の生い茂る、かつては道だった踏み跡をたどる。朝露にぬれてズボンも靴もぐっしょりになる。村人たちはいつもどおり裸足で、男の民族衣装である筒状の腰巻き布をからげて足早に進む。

ロット・コン村の住民が四年前まで住んでいたという、いまは藪におおわれてしまった旧ティンロー村跡のすぐそば、木々のあいだに開けた草地に着くと、一〇名ほどの村の男たちが草むらを山刀でなぎ払った。古びてかたちのくずれた長方形の土饅頭が八つあらわれた。頭の方に石が置かれ、朽ちて棒杭だけになった十字架が一本だけ残っている。くもり空の下、村人らがかみしめるような口調で一二年前の事件について語ってくれた

一九七四年五月五日の日曜日は、朝からどしゃ降りだったという。ティンロー村のウラム・ラ・オンさんの家では、スンプラボム町から巡回してきたカトリックのジャオ・ロット神父を迎えて、二〇人近い信者が集まり日曜礼拝がおこなわれていた。

聖書を読み、讃美歌を歌い、説教を聞いていた午前一〇時ごろ、キンドン村からティンナン村へと向かう途中のビルマ政府軍第四六大隊に所属する、三、四〇名の部隊が村に入ってきた。日曜日だったうえに、雨も降りしきっていたので誰も外に出ていなかった。そのため、村人は政府軍部隊の出現に気がつかず、逃げだすひまもなかった。

カチン独立軍のゲリラを探していた政府軍部隊は、多くの人声がもれるウラム・ラ・オンさんの家をとりかこんだ。そして、これはゲリラの集会だと決めつけて、いきなり銃撃を浴びせかけた。神父が、「撃つな！　わたしたちは礼拝をしている村人だ」と叫んだが、どうにもならなかった。

鳴り響いた銃声がやんだあと、八人の男性が血まみれで息絶えていた。いのちからがら逃げのびたほかの人たちも弾傷を負った。一人の女の子が親といっしょに逃れた先の森で死亡した。政府軍が立ち去った翌日、事件を聞いてよその村からも大勢の人びとが駆けつけ、死者は村はずれの林に埋葬されたのだという。

戦禍の傷と記録

ここに葬られているのは男性の犠牲者八人で、十代が二人、二十代が三人、三十代が二人、六十代が一人である。亡くなった女の子は二歳か三歳の幼児で、後日別の場所に葬られたそうだ。目の前の墓は長年にわたり雨風にさらされ、草におおわれて土くれと化し、大地に還りつつある。

「この人たちが死んだ場所も見せたいけど、村の跡は藪がひどくてね」と言ったきり、案内の村人たちは黙りこくった。草露でぬれた手足や顔に蚊やブヨやアブがたかってくる。朝だというのに、小暗い森にかこまれたこの場には、まるで夕闇が寄せてくるような気配が漂っている。

安息の日曜日、礼拝のさなかに、突然、銃弾につらぬかれて殺された人たちの死は、あまりにも痛ましい。一人ひとり、家族も友達もいて、この地に根ざして生きてきたのに、理不尽な仕打ちによって生命のいとなみを、他者との関係性を、無惨にも断ち切られたのだ。死者は恨みを抱いて逝き、遺された者たちはやり場のない怒りと悲しみをかかえこむ。心の傷は年月を経ても癒しがたく、残っている。

わたしは重苦しい気持ちとともに、しかしやはりカメラをかまえた。村人たちはじっとわたしの動きを見つめている。かれらが草むらを切りはらって虐殺の犠牲者の墓を見せ、事件について語ってくれたのも、わたしにこの事実を記録して、外の世界に知らせてほしいからなのである。

だが、ティンロー村民の受難の証しである土の墓を撮影しながら、わたしはどうしようもなく徒労感をおぼえた。虐殺事件の理不尽さはわかる。犠牲者と残された者の無念さも想像できる。しかし、それをいまどこに向けてどう訴えかければいいのだろう……。

日本人をはじめ他国の人間にとって、一二年前に北ビルマの山中で起きた虐殺事件は、所詮は遠い異境のできごとであり、関心を呼ぶにはいたらないのではないか。誰もが、それぞれの国における諸問題や身のまわりのできごとに目を向け、気をとられることで精一杯だろう。それに、同じような事件はいまもむかしも世界のいたるところで起こりつづけている。

このビルマでも、一九四八年以来の戦乱によるおびただしい、何千人、何万人ともいわれる非戦闘員の死者の集積があり、突き放した見方をすればティンロー村の犠牲者もそこに加えられただけだということが、さらにむなしさを呼ぶ。この事件もビルマ軍による暴虐行為のほんの一部でしかない。

しかしわたしは、おそらくこの事件に関心を持つことがないであろう他国の人たちを責めたりもできないのだ。自分自身、現にもう一年半、内戦下のビルマ北部を旅しながら何度も戦争の惨禍を見聞きしてきたのに、虐殺された犠牲者の苦痛や無念に、遺族と友人らの悲しみや怒りに充分な思いを致して、本当に共感共苦の念を抱いているとは言いがたい。どうしても、戦禍の当事者であるこの地の人びとと、当事者ではない自分とのあいだには越えられない隔たりがあるという思いが、心に沈殿している。

だから、戦禍の傷を写真に撮り、その事実の証言を聞き書きするときはいつも、無力感のようなものにとらわれる。それを記録して外の世界に伝えることがジャーナリストの役割だと考えながらも、そうしたからといって、戦禍をこうむり、いのちを奪われたり、心身に傷を負ったりした人たちに何か報いることができるのだろうか、はたしてそれらの傷を癒すことにつながるのだろうか、むしろカメラを向けることで、人びとのつらい記憶をかきたて、心の傷のかさぶたをはがすような真似をしているのではないかと、ある後ろめたさとともに自問自答せざるをえない。

結局、フーコンの戦場でもそうだったように、わたしの思いは人間の生死のはかなさ、はかりがたさ、というところに落ちこんでしまう。つきつめれば、やはり無縁の他者の死でしかないのではないか……。

墓は草むらにおおわれ、やがて土にうずもれ、その上にいつか木も生えるだろう。死者の魂はすでにここにはいないにしても、かれらの骨が亜熱帯の豊かな土と草と樹木に抱かれて眠ることに救いのようなものを感じた。むろん、それが非当事者の勝手な思いこみにすぎないこともわかっていた。

こちらを見つめ、何か問いたげな村人たちの視線をのがれるように、わたしは梢ごしに雨模様の空を仰いだ。

他者の痛みへの想像力

その後も、さまざまな戦争の惨禍の証しにふれることになった。

ビルマ政府軍の対ゲリラ戦略の一環で、ゲリラと村人の協力関係を断つために住民を強制移住させ、戦略村に収容し監視下におく作戦により、家郷を追われた村人たちに会った。政府軍の仕打ちに抵抗する者は射殺され、民家も焼きはらわれたという。

ある村では、政府軍の飛行機がゲリラ基地攻撃の帰りに、住民への見せしめとして無差別爆撃をおこなったため、逃げおくれた一〇名の村人がいのちを奪われていた。肉親を失った村人が、爆撃のときの様子を痛恨の表情で話してくれた。

痛苦にみちた体験を語る人の前で、爆弾の落ちた跡だという穴のそばや犠牲者が眠る墓の前で、証言者たちの声に耳を傾けながら、あるいはカメラのファインダーに目を当てながら、わたしはやはり旧ティンロー村での虐殺事件の被害者の墓前においてと同じように、無力感のようなものにとらわれ、聞き書きや撮影という自らの行為をめぐって、答えの出ない自問自答をくりかえさざるをえなかった。

そうするうちに、問題の根本は、自分以外の人間すなわち他者の痛みへの感受性・想像力というところにあるのではないかと思えてきた。

戦禍で自分の家族を亡くした人たちは、理不尽な死を強いられた肉親や伴侶の痛苦を、まるで我がことのように感じられるだろう。あるいは犠牲者が親しい隣人や友人であれば、身近なできごととして当事者の身になって感じようとするだろう。

しかし、犠牲者との関係が遠くなるにつれて、感じ方は鈍くなっていくのではないか。そして、縁もゆかりもない他者となれば、はたしてどこまで犠牲者の痛苦への感受性・想像力を持ちうるだろうか。

極端な場合、戦場で向き合う敵と味方、異民族の土地に侵入した軍隊と地元住民、といった関係においては、相手の苦しみ痛みへの感受性と想像力はまず生じえないのではなかろうか。

たとえば、ビルマ政府軍将兵も自分たちの郷里では決しておこなわないような、虐殺や拷問や略奪や焼き討ちなどの行為を、カチン州など少数派の諸民族が抵抗運動をつづける土地では実行してしまうのである。その点はむろん、かつてのアジア各地における日本軍やベトナム戦争でのアメリカ軍なども同様であり、世界中で見られたことだ。

戦場では、他者の痛みへの感受性・想像力は麻痺していく……。

では、わたし自身はどうなのか。戦禍の傷に接してそれを記録するとき、当事者たちの痛苦に対してどれほどの感受性と想像力をはたらかせているだろうか。また、フーコンの森で戦闘を目撃したとき、政府軍兵士の死体を写真におさめたが、その兵士の痛み苦しみに思いを致すことはなかったのではないか。処刑された政府軍スパイやJ・N少尉の死にざまも無残に感じはしたが、悲痛な思いを抱いたわけではない。

わたしも、他者の痛みへの感受性・想像力を麻痺させているのではないのか……。

しかしそれでも、わたしは戦地の現実における人間の生き死にのありようをこの目で見つめつづけ、眼のなかにはおびただしい影と像が焼きつけられてゆく。

熱病と血の幻覚

雨季の山岳地帯を旅するうちに疲れが溜まり体力も落ちて、九月に入るとわたしはマラリアの熱病にかかった。雨季が明けた一〇月半ばに再発し、焼畑の稲刈りがたけなわの一一月にも三たび、四たびと発病した。さらに、山桜が咲く一二月にもマラリアに倒れ、翌年の一月中旬からはずっと、三月末まで寝込んでしまった。

マラリアの発作は、ハマダラ蚊が媒介する微生物の一種、マラリア原虫が血液中で増殖して引き起こされる。背骨に氷片が突き刺さったみたいな悪寒に始まり、体の内側から凍りつく寒けで全身がふるえ、歯と歯もぶつかって鳴る。四〇度以上の高熱に見舞われ、関節と筋肉と頭がきしんで痛む。熱による動悸が激しくてろくに眠れず、食物ものどを通らない。水や白湯を飲むが嘔吐をくりかえし、胃液まで吐く。

一月に第一旅団本部で病床に伏してからはキニーネなどの薬もさかなくなり、軍医や兵士たちに看護されながらも、やつれ果て、熱と切れぎれの悪夢にうなされた。

たとえば、時を告げる鐘の音がどこからか聞こえ、柱に縛られた自分に気づくと、白光りする銃剣の切っ先が迫って、鋼の尖端に刺されえぐられる、といった悪夢も見た。寝汗で体がぐっしょりぬれていた。

また、竹小屋の土間から青白い手が次から次に伸びてきて、竹の寝台ごと地底に引きずりこまれそうになる幻覚や、耳のなかで絶えず水の流れる音が響いて頭が割れそうな幻聴にも苦しめられた。

そしてある朝、夜通しつづいていた体中が火脹《ひぶく》れするような熱と幻覚や幻聴に耐えがたくなって、よろよろと小屋の表にさまよいでた。頭のなかが渦を巻き、倒れかけたがかろうじて竹編みの壁にもたれて立つことができた。

不意に、朦朧とした眼のなかに真っ赤な血があふれてきた。目に映る、朝日を浴びた山の森の風景が血の幕におおわれてゆく。視界はすべて血の海だ。思わず目を閉じた。瞼の裏も血の色に染まっている。

しかし、痛みはない。両手で顔をおおい、ゆっくりと皮膚を撫でた。手に血がついた感触はなかった。

目を開けると、網膜に映るのはやはり一面の血の広がりだった。これは、いったいどうしたんだ……。意識が混乱し、得体の知れぬ恐怖に締めつけられる。足もとが消え失せて、とめどもなく落ちていくような眩暈《めまい》に襲われる。

すると、眼に満ちた血の海を割って、思いもよらぬ映像が浮かびあがってきた。フーコンの森で目撃し、写真に撮ったビルマ政府軍兵士の死体だった。それも、あのときカメラのシャッターを押した際にファインダーに映っていたそのままの構図でだ。

死体は草むらに横たわって真昼の光を浴びている。硬直した手が宙をつかんでいる。シャッターが順々に切られるようにして、死体の像が近づき、迫ってくる。目を閉じた死者の顔はむくんで土色だ。野戦服の胸の黒ずんだ血糊に蝿がとまっている。

その映像が血の海に溶けてゆくと、かわって別の戦死体の像があらわれた。やはり写真に撮ったときそのままだ。政府軍が敗走していった小道の脇の草地に、死者は仰向けに倒れている。左腕がねじれて背中の下じきになっている。軍服を染めた血潮に蟻が群れ、上半身に木の影が落ちている。

また入れかわった別の映像のなかでは、若い死者は水晶玉のような眼球をむきだしにしたまま果てている。そして再び、血の幕の向こうから最初の映像がにじみだしてくる。

何の音も聞こえない。

眼に刻みこまれたもの

わたしは耐えきれぬ胸苦しさをおぼえながら、慄然として立ちつくしていた。これは幻覚だ、戦場の流血と死の光景が眼に焼きついた末の幻覚、マラリアの酷熱がもたらした狂気のような幻だ、と感じながらおののいた。もはや目を開いているのか、閉じているのかもわからなくなった。

やがて、血におおわれた視界にそれまでと異なる映像が湧いてきた。村の広場で男たちが水牛を屠《ほふ》って、山刀で肉と内臓を切り分けている。たしか精霊信仰の祭りのときに撮影した光景だ。

水牛は天地の精霊や祖霊に生贄《いけにえ》としてささげられたものだ。血まみれの背骨と肋骨と肉と臓物を日の光が照らしている。同じような像が浮かんでは消えていった。

それから今度は、森の中の地面に転がった手長猿の死体が見えてきた。黒い体毛を鮮血がぬらしている。白目をむき、半開きの口もとには血がこびりついている。行軍中のゲリラ兵士が撃ち落とした狩りの獲物を撮ったのだった。

戦死体の映像につづいて、なぜ死んだ動物たちの映像があらわれたのだろう。流血と死の光景という点で何かつながりがあるのだろうか。

そしてまた、眼いっぱいに血潮が満ちてきた……。意識が遠のいていくのが感じられた。どうやってもどったのかはわからないが、気がつくと竹で編んだ寝台に横たわっていた。ひどい寝汗をかいていた。竹編みの窓から入る風が、すでに午後の気配を伝えている。眼のなかに、もう血の海はなかった。わたしはただぼんやりと、竹壁のすきまから射しこむ斜光に輝いて浮遊する無数の塵をながめた。

夜になって、マラリアの悪寒と熱がぶりかえした。体をくの字に曲げてふるえながら、眼一面にあふれた血とそのなかから次々と浮かんできた流血と死の光景の幻覚は、決して消えようのない光と影の像がカメラのレンズを通じて眼の底にきざみこまれたせいではないかと思った。それはまた、何かの問いかけなのかもしれないと思えた。

わたしは眼に焼きついてしまった像を消したかった。血の海と、流血と死の光景の幻覚をもう二度と見たくはなかった。不意に、カメラとレンズを壊せばいいのだという妄想が湧きおこった。起きあがると、体が揺れていた。耳鳴りがして頭の芯がぐるぐると回っている。わななきにも似た焦りと衝動が噴きあげてくる。手さぐりでリュックサックからカメラを取りだし、土間に膝をついて、手につかんだ登山用ナイフをレンズに何度も突き立てた。レンズをはずしてカメラの内部を砕いた。

……虚脱した状態がどのくらいつづいたろうか。何かが欠けてしまったような思いと冷えびえとした感情が寄せてきた。これで何かが解決したわけでもないということもおぼろげながらわかっていた。闇のなかでわたしは冷たい土間にうずくまった。

やっと手をついて顔をあげると、開いたままの窓から、星空に帯を曳いた銀河が見えた。

いのちの根を共にして

幻覚の残像

マラリアの熱におかされて、眼一面の血の海と流血と死の光景の幻覚（戦場でのビルマ政府軍兵士の死体、精霊信仰の儀礼で生贄にされ屠られた水牛、狩りで仕留められた手長猿）を見てからまもなく、わたしは意識不明におちいった。寝たきりの状態がつづき、生と死の間《あわい》を漂った。

注射や点滴や薬草を用いた治療をほどこしてもらったが、一向にききめがなく、遠い村から駆けつけてくれた精霊信仰のシャーマンに最後の望みが託されることになった。祖霊が乗りうつって神がかり状態になり、山刀の先から太陽の精霊にさずかった水を滴らせて病人に飲ませる、そのシャーマンの祈祷のおかげで、最後の自然治癒力が呼びさまされたのか、わたしはかろうじて一命を取りとめることができたのだった。

意識がもどり、やせさらばえた体を横たえたまま、薄くなった胸をかすかに上下させて何とか息をした。自分の体が、荒波にもみくちゃにされたあとどこか遠くに打ちあげられた流木と化したような感じがした。いまなお、こうして呼吸しつづけていることが奇跡としか思えなかった。

目まいと耳鳴りは残っていたが、憑きものが落ちたみたいに熱はひいていた。もう幻覚や幻聴はあらわれなかった。しかし、熱病の底にあったときの記憶が少しずつあぶり絵のようによみがえるにつれて、血の海と流血と死の光景の幻覚の残像がしばしば眼のなかに湧いてきた。そのたびに、胸苦しさと恐れおののきと不安に襲われた。必死になって頭のなかを空っぽにして何のイメージも浮かばないようにつとめたが、あの陰惨な幻覚の残像は消え去りはしなかった。なぜあのような幻覚に見舞われたのか、幻覚の意味するものは何なのかを考えざるをえなかったし、今日までずっと考えつづけてもいる。

乾季のフーコン平野の森で、草むらに倒れたビルマ政府軍兵士の死体を撮影したときのことを思い起こす。あのとき、死体の上半身のアップを写した直後、カチン独立軍ゲリラ部隊の指揮官パン・オン少佐から、わたしは突き刺すような眼差しでにらまれたのだった。

彼がなぜ険しい視線を投げつけたのか、確かな理由はわからない。だが、死体を撮影していたときのわたしに、死んだ兵士の痛み苦しみを思いやる気持ちがなかったことはまちがいない。他者の痛苦への感受性と想像力が麻痺していた、欠けていたのだ。いまにして思えば、死んだ政府軍兵士を同じ人間としてではなく、ただそこにある物体のように見ていたのだろうか。

いや、そんなはずはない、死者をよもや単なる物と見なすなどということはない、と心のなかで打ち消そうとするが、死者を悼《いた》む気持ちを持たぬまま、カメラのレンズを通して死者の顔を自分の目の網膜にとらえ、焦点をはっきりと合わせてシャッターを押すことは、やはり非情な行為であり、死者を冒瀆《ぼうとく》するような罪深いおこないだったのではあるまいか……。

結果的に、その報いとして天罰が下り、マラリアの熱にうなされて、血まみれの幻覚に苦しめられることになったのかもしれない。

ともかく、戦死体の写真を撮るときに、わたしのなかに何か大事なものが欠けていたのである。つまり、他者の痛苦への感受性であり、死者を悼む思いであり、死者に対する畏怖の念でもあるものが欠けていたのだ……。

それでは、精霊信仰（アニミズム）の祭りのときに写した、精霊への生贄である水牛の死体の映像が、幻覚のなかにあらわれたのはどうしてなのだろう。単に流血と死の光景という共通性だけではかたづけられないつながりがありはしないだろうか。

精霊への生贄

フーコン地方を後にして、カチン州の北部山岳地帯に来てから、精霊信仰の祭りで精霊にささげる生贄の水牛や牛や豚や鶏が殺され屠られるのを、いくつかの村で見かけて撮影した。

そうしたときも、わたしは死んだ動物たちを悼むということはなかった。ただ、それがカチン人の精霊信仰の儀礼の一環であり、伝統的な風習だから記録しておこうと考えただけである。

あの屠られた水牛たち、牛たち、豚たち、鶏たちは、太陽や月や雷や大地や森の精霊（神々といってもいい）と祖霊へ、豊作と子孫繁栄と無病息災を祈願するためにいのちを絶たれたのだった。

家畜たちの肉と臓物はこまかく切り分けられ、大鍋で煮られる。肉と臓物のどの部分をどの精霊にささげるかは決まりがあって、清めの塩とショウガといっしょにラゴエ・ラポーというつるした草の葉につつまれ、モチ米を蒸した強飯とゆで卵と赤米の濁り酒とともに、竹編みの祭壇に供えられる。精霊は動物の肉などを直接食べるわけではなく、供え物にこめられた精気だけを食すのだという。

切り分けられた残りの肉と臓物は料理されて、祭りの参加者の食事のおかずとしてふるまわれる。精霊にささげた生贄を、儀礼のあとで精霊と人間とで分かち合うのである。

村の広場に丸太を二本交差させてX字形に杭を立て、そこに水牛などをつなぎ、槍で突き刺したり、山刀で斬りつけたりして殺すのであるが、ただ機械的におこなわれるわけではない。

たとえば、ンバンボム村というところで開かれた、マナオという天地の精霊を祀《まつ》る祭りのときに見聞きしたことだが、水牛を屠る前夜に祭主の家のなかで、精霊への祈願の祝詞《のりと》をドゥムサーと呼ばれる精霊信仰の祭司が節をつけて唱える。そのとき、明日、水牛を一頭ささげることも精霊に対して約束される。そして、精霊信仰の儀礼で家畜が生贄にささげられるようになった由来を語る神話が唱えられる。そのあらましはこうだ。

『むかしむかし大むかし、ンコム・トゥー・ヤオという勇ましい狩人がいた。ある日、山の森に分け入ってゆき、一頭の大猪を見つけて、すばやく槍で突いて仕留めた。猪はひとりでは運べないほど大きかったので、その辺の草を刈ってそれで猪の体をおおって、加勢を頼みにひとまず村へ帰った。

ところが、仲間といっしょにもどってみると、不思議なことに猪の姿がどこにも見当たらない。実は、その猪は太陽の精霊が放し飼いにしていたもので、たまたま下界の山へ餌をあさりにきていたところを運悪く仕留められてしまったのだが、偶然にも猪の体をおおった草が死者をよみがえらせる霊妙な薬草だったため、息を吹きかえし、天上へ逃げてしまったのである。

くやしくてならないンコム・トゥー・ヤオは、猪の足跡を追いかけて、とうとう天の上までやって来た。ところが逆に、太陽の精霊の一族につかまってしまい、猪を傷つけた罪を問われることになった。しかし、世界中の財や宝をつかさどる天のマダイという精霊が、とらわれの身となったンコム・トゥー・ヤオに同情して、太陽の精霊に彼をゆるしてやるよう訴えた。

心を動かされた太陽の精霊は彼をゆるし、一族の娘をひとり嫁としてさずけ、猪も一頭、家で飼うようにと与えた。そして、「われらがおまえたちの家を訪ねたときは、猪の肉を供え物としてささげよ」と言いわたした。

ンコム・トゥー・ヤオは嫁と猪を連れて下界に帰った。それがきっかけで、人間は太陽の精霊を祀るようになり、儀礼のときは猪などの動物を生贄としてささげるようになったという。さらに猪を飼いならして家畜とし、豚として飼うようにもなった。
このようにして、猪は人間と精霊の仲をとりもった。このことは、後に豚や牛や水牛などが精霊にささげられるさきがけとなったのである』

水牛の魂を天に送る

明くる日、水牛が広場の杭につながれると、そのかたわらにドゥムサーが立ち、また祝詞を唱える。そこでは、精霊に向かって豊作などをお願いするだけでなく、水牛に対しても、水牛が生贄にされる理由と、儀礼で家畜が生贄にささげられるようになった由来の神話を語りかける。

しかもドゥムサーは水牛に、おまえの魂は死んだあと、天の精霊のもとに迎えられるから恐れ案ずることはない、と呼びかける。つまり、水牛をはじめ生贄にされる家畜は、ただいのちを絶たれてそれで終わりというわけではなく、死んだあとに手厚く祀られ、その霊は慰められるのである。

それは儀礼の一環であり、カチン人の宗教文化のなかに組みこまれている。精霊信仰を守る村人たちは、祭りのとき以外は水牛と牛を殺して食べることはまずない。水牛と牛の霊魂を祀り、慰めること抜きにして、かれらのいのちを絶ってはならないからだ。

マナオの祭りのときも、天の精霊マダイにささげる水牛が広場で屠られたあと、水牛の長い角を生やしたままの頭部と、尻尾がついたままの臀部と体の肉が、祭主の家の竹の床にならべられ、その後ろにジョイワーと呼ばれる語り部祭司が座して、天の精霊に水牛の魂を連れていってあげてください、と願う儀礼が執りおこなわれた。

水牛の頭部と尻尾と肉の下には、天地をつなぐ聖なる巨樹として崇《あが》められるラガット（インドボダイジュ、またはインドゴムノキ）の木の葉がしきつめられていた。水牛の鼻には長い蔓が通されていて、その蔓は祭祀専用の囲炉裏の上の神棚から床に立てかけられた一本の竹の上の端に結ばれている。竹の節と節のあいだには段々がきざまれ、ところどころに豊穣の象徴であるアワの太い穂が結びつけられてある。竹の節間の内部は水で満たされていた。

神棚には祭りのとき、天の精霊マダイが降りてきて宿るという。段をきざんだ竹は天に通ずるはしごとして、蔓は祭りが終わってマダイが水牛の魂を天上まで連れてゆくための引き綱として、用意されたものなのである。

マナオの祭りで中心的な役割をにない、天地始めの様子や精霊と人類の発祥などにまつわる神話を何日間も語るジョイワーのンポット・ラさんは、祭りが終わってからわたしに次のように語ってくれた。

「祭りのときに唱える祝詞と語る神話は、とてもたいせつな意味を持っています。精霊に願いごとを伝えるには、よき言葉と美しい節回しが必要なのです。精霊にささげる水牛や牛にも、こちらからやさしく語りかけて、なぜかれらがこの祭りで死ななければならないのかをわかってもらわなくてはいけません。死ぬことを恐れるんではないよ、死んでもおまえの魂は天の精霊がちゃんと天の上まで連れていってくれるからね、そしていつかこの世にまた、水牛や牛の赤子の魂として生まれ変われるから、痛がらず、苦しまないで、涙を流さずに、死ぬんだよ、と体を撫ぜてやるようにして言い聞かせてあげるんです。そうやって、かれらの魂を送りだしてあげるんですよ……」

ふだんは焼畑で野良仕事に精を出し、祭りのときにだけ語り部祭司の役をつとめる四十代半ばのンポット・ラさんは、本当に動物たちに語りかけるかのような、おだやかな声音で話すのだった。

熊の霊送りと水牛の昇天

その話を聞いて、アイヌ民族がおこなうイヨマンテの儀礼を連想した。

「熊の霊送りと儀礼のための料理」（村木美幸・秋野茂樹『アイヌの本』宝島社、一九九三年）によれば、イヨマンテとは、狩りで生け捕りにした子熊を一、二年飼育したあと、熊を屠ってその霊魂を神々の国に送りかえす、アイヌの人びとにとってたいせつな霊送りの儀礼である。

アイヌ民族の信仰では、神々は人間の世界に降りてくるときにはいろんな姿に仮装してくるといい、熊の神であれば熊の姿をして人間の世界を訪れ、その肉や毛皮などをお土産として人間たちにもたらすのだという。だから、人が狩りをして獲物を手にするということは、神がその人のところに客として訪ねてきたことになる。

そこで、イヨマンテの儀礼をおこない、熊を殺すことによって神の仮装を解き、その霊を神々の世界に送りかえすことが必要になるらしい。イヨマンテの儀礼で送別の宴を開いて、団子や干し鮭や弓など多くの土産とともに送りかえすのである。

殺された熊は祭壇の前に横たえられて、アイヌの長老たちが、「無事に元の神々の国へ帰り着けますように」と祈りの言葉をあげる。そのあと熊の体は切り分けられて、頭部は二股の木に乗せて祭壇の上に安置される。

熊の霊は神々の世界に帰ると元の神の姿にもどり、ほかの神々を招いて、持ちかえった土産を分かち合うという。そして、人間の世界がいかにいいところかを話して聞かせるそうだ。すると、熊の神もほかの神々もさらに人間の世界を訪れようとするのだという。

イヨマンテは熊の神の霊を祀ることで、豊猟を祈願する儀礼なのである。そこにこめられた精神は、動物の霊魂をねんごろに祀って神々のもとに送ってあげることが、人間が生きる糧を得るための豊猟や豊作をさずかることにもつながるという点において、カチン人の伝統的な信仰とも相通じている。

わたしは、マナオの祭りで天の精霊マダイにささげられた水牛のことを思い出す。

その水牛はまだ年若い小柄な雄の水牛で、肩の高さが大人の胸もとくらいまでだった。灰色の毛なみもきれいで、やさしげな瞳も澄んでいた。三日月状の角をかしげて草を食《は》む横顔は、少年水牛という言葉がぴったりだった。首筋を撫ぜると温かかった。

朝、水牛は祭りの広場に立てられた杭につながれて、死が訪れる寸前まで地面に積まれた草の葉を無心に食べていた。いつのまにか、槍を手にした長身の若者がそばに立っている。彼が槍をかまえた。水牛はちらっとそちらに目を向けただけで、じっとしている。若者は無言のまま槍を繰り出した。槍の穂先が水牛の胴を突く。水牛は突然起きた異変にあわてて身をよじってのがれようとした。しかし、杭に首をつながれているため、のがれようがない。ふた突きめで水牛は膝を屈して地面にくずおれた。

血が右の前足のつけねの肋骨のあいだから流れている。水牛の苦しげな息が聞こえた。起こりうるはずのないことが起こったことに驚き、嘆いているかのようだった。倒れた水牛の姿を、わたしは写真に撮った。白目をむいたあと虚ろに沈んでいく眼に、なぜ？　と問いかけるような色がにじんでいた。

祭主の家の中で、水牛の魂を天に送る儀礼がおこなわれるのを見た。屋内は竹壁のすきまから外の光がさしこんでほのかに明るい。水牛の首がラガットの木の葉につつまれるようにして置かれている。目は開けたままで、まだ生きているみたいだ。

語り部祭司が水牛の魂と天の精霊に呼びかける祈りの言葉を唱えている。水牛の魂が竹のはしごをゆっくりと昇ってゆく様を想像してみる。

儀礼が終わったあと、わたしは水牛の頭をそっと撫ぜた。

死と祀りと悼みと祈り

狩猟採集であれ、焼畑農業であれ、自然の恵みを受けて生活するアイヌやカチンの人びとは、自分たちが自然の恵みに生かされていることを自覚しており、自然と神々（精霊）への畏敬の念を持っているから、イヨマンテやマナオといった宗教儀礼をおこなってきたのである。言い方を変えれば、自然と神々（精霊）への畏敬の念を失ったら、自然の恵みを受けて暮らすことはできなくなる、ということをよく知っているのだ。

だからであろう、マナオの儀礼では多くの動物の血が流されたのだが、野蛮や残酷といった印象など受けなかった。そこでは、動物たちの死が、その魂を手厚く祀り慰める儀礼の流れのなかにきちんと位置づけられていた。

祀るというのは、神々を崇め、供え物をささげて儀礼をおこない、神々を慰めるということであるが、祖先の霊や死者の霊を慰めるという意味もある。そして、慰めるという言葉には、心をなごやかにさせる、心を静まらせる、いたわる、ねぎらう、などの意味があり、ことに悲しみや苦しみをかかえた人・存在へのはたらきかけにおいて使われる場合が多い。慰霊という言葉もあるように、慰める対象は生者だけではなく、死者もふくまれる。

マナオの儀礼では精霊(神々)が祀られ、同時に、祀り事のために精霊へのささげ物としていのちを人間の手によって絶たれた動物たちの霊も祀られ、慰められたのである。さらに動物たちの霊魂は、ドゥムサーやジョイワーの唱える言葉に送られて、天の精霊のもとへと向かった。つまり、成仏した。

マナオの祭りの場には、生者から死者への慰霊の思いがあった。悼むという気持ちがあった。祀り・祀られる関係性が見られた。その場の根底には、祈りというものが流れていた。水牛や牛たちは単なる物みたいにして殺されたのではなかった。かれらの死体は供え物として切り分けられたが、遺体としてあつかわれた側面もある。

こうした死のありようは、戦場での死のありようと対照的だ。戦場では、たしかに味方の戦友の死は悼み悲しむ対象である。しかし、敵の死はそうではなく、むしろ誇るべき戦果と見なされる。敵の戦死者の死体は遺体ではなく、あくまで死体にしかすぎず、足げにして物のように転がすのが当たり前とされる。敵の死を悼む人もなかにはいるだろうが、ごく少数派にちがいない。戦場という場には、祀り・祀られる関係性は見当たらず、その根底に祈りというものは流れていないのだ。

フーコンの森の戦場でビルマ政府軍兵士の死体を写真に撮ったとき、わたしの心に悼みはなかった。祈りもなかった。

戦場で成仏しきれぬ死者の魂魄《こんぱく》は、どこをさまようのだろうか。

眼のなかに湧いた血まみれの幻覚の意味に、わたしは少しずつ気がついていった。

手長猿の叫び

マラリアの熱病の奈落で見た流血と死の光景の幻覚のなかには、亜熱帯の森でゲリラ兵士に狩られた手長猿の死体も出てきた。それは、精霊信仰の祭りで天地の精霊（神々）や祖霊にささげる生贄として屠られた水牛たちの像につづいて、眼のなかに湧いてきたのだった。

手長猿の体は、雄は黒、雌は薄茶色がかった銀灰色の、ふさふさした毛におおわれている。その毛が血潮に染まっていた。目はかっと見開いたまま息絶え、半開きの口から血まみれの歯と舌がのぞいていた。

　このような手長猿の死体を、わたしはカチン州の山野でしばしば目にして、写真にも撮った。手長猿たちは兵士らが手にした山刀で皮をはがれ、肉を切り分けられて、鍋や飯盒で煮られた。

　手長猿もほかの野生動物と同じく、狩りの対象とされ、貴重な食料源になっている。だから、その肉を食べることはごく自然な行為なのである。森の深いカチン州には、象、虎、豹、野牛、猪、狼、鹿、熊、猿、孔雀、カワウソ、スローロリスなど、いろんな野生動物が生きている。

　手長猿は東南アジアと中国西南部とインド亜大陸東部にだけ棲息する。カチン語ではニングラオという。ゴリラやオランウータンやチンパンジーと同じ類人猿の仲間だが、一番体が小さい。頭から尾てい骨までが五、六〇センチ。上肢は一メートルほどで、下肢はその半分くらいだ。体重は五～一〇キロある。

　上肢である長い手で木の枝にぶらさがり、体を振り子のように動かして枝から枝へ素早く腕渡りし、空中を跳んでゆく。頭上の梢が騒いだと思った瞬間、もうそこに姿は見当たらず、木もれ日の光のなかを影がよぎると、離れた木の上で音がしている。まるで、森の精のようだ。

　かれらは樹上で生まれ、生き、樹上で死ぬ。木の実と若葉と虫を食べ、木の洞にたまった水を飲み、木の葉についた雨滴や露をなめる。地面におりてくることはめったにない。最高寿命はおよそ二五歳と推定されている。

一頭の雄と一頭の雌が番《つが》い、一夫一妻型の家族生活をいとなむそうだ。テナガザル夫婦の結びつきは強く、一度いっしょになると、どちらかが死ぬまで別れることはないらしい。雌は数年ごとに一頭ずつ赤ん坊を産む。子どもは成長して八歳前後で両親から独立し、離れ猿になり、新しいペアをつくって出ていくので、一家族に多くて四頭までの子どもがいる。このような二〜六頭の家族が、一平方キロメートルほどの広さのなわばりのなかで暮らしているという。

森を歩いているとき、手長猿の叫び声をひんぱんに耳にした。オーッ、ホーゥ、オーッ、ホーゥ……としだいに声の間隔を狭め、速くかん高くなってゆく。最高音に達すると、今度は低くさびしげな声に変わり、最後はつぶやくようにして終わる。雄と雌が声を合わせて、これを何度もくりかえす。

毎朝毎夕なわばりを守るために、また蛇や豹や鷲や人間など警戒すべきものを見つけたときに、叫ぶのである。まるで人間が叫んでいるみたいに聞こえる。叫び声が樹木の重なりの奥に吸いこまれると、森は静まりかえる。だが、耳の底には決まって余韻が残る。

手長猿の叫び声は人の心をひきよせる響きを持ち、森にこだまする。ずっと聞いていると、もの狂おしくなり、声のする方にふらふらと迷いこんでゆきそうだ。まるで森からの呼び声のような気がした。

手と肉の記憶

カチン州西部のイラワジ河流域地方の山地を歩いていたときのことだ。

一九八六年二月末、乾季の空から大気を焦がすような日光が木々の枝葉を透かして射しこみ、森には熱気がこもっていた。山の尾根道を行くゲリラ部隊の兵士たちが、木から木に跳びうつる手長猿を見つけて追いかけ、動きをとめたところを見すまして銃で撃ち落とした。銃声が硬く跳ねかえって響いた。

手長猿はつややかな黒毛の雄だった。横っ腹を弾でえぐられて、こと切れていた。傷口から内臓がはみ出している。手長猿特有の白い眉毛の下の目が、何か瞑想でもしているかのような半眼で、死に顔に不思議と苦悶の色は見られない。口は半ば開いたままで、唇の端から血が糸を引いていた。

死体は山ひだの小さな沢まで兵士の背にかつがれて、そこで解体された。その前に、皮をはぐときにぶらさげるための竹の杭が二本立てられた。兵士が試しに手長猿の硬直しはじめた両手を開かせて、杭に渡した竹の棒につかまらせる。

何と、手長猿の黒い手はしっかりと竹の棒をつかんで放さなかった。すでに死んでいるのに、まるで生きてぶらさがっているようにしか見えない。樹の上の世界で生涯を送るかれら手長猿の本能がいまだ消えずに、そうさせているのだろうか。

けれど、首が力なく前にうなだれたままなのを目にすれば、やはりもう生あるものではないことに気づかされる。死んだあとまでも、なお何かをつかんでぶらさがろうとする手長猿の、いのちの残り火のようなものが感じられて、ある痛ましさをおぼえずにはいられなかった。

わたしは、その痛々しくもあり、同時にまた奇妙でもある姿を写真に写してから、手長猿の冷たくなった手をそっと握ってみた。毛におおわれたしなやかな五本の長い指と、弾力性のある手のひら。それがわたしの手を握りかえしてくるように感じられる。手の筋肉の弾力だけはまだ残っているのだろうか。

そうだ、この手で木の枝を最後まで握っていたのだ……。手長猿の手のひらには、人間の手と同じように筋や渦の紋がついている。

そのあと、手長猿は竹の杭に竹ひごで結ばれて吊るされ、山刀で切れ目を入れられて、毛皮をすっぽりと剥《む》きはがされた。生なましい剥きだしの体は、骨格と筋肉のつき方が人間のそれにそっくりだった。

昼下がり、手長猿の肉は、トウガラシとニンニクとタマネギと塩とマクリーという酸っぱい野草の葉と少しの食用油といっしょに煮られた。わたしたちは地面に野生バナナのつるつるした大きな葉をしいて、飯盒で炊いた飯を山盛りにし、その上に手長猿の肉料理を置いて食べた。

肉は筋張って歯ごたえがあり、独特のしつこいにおいもしたが、決してまずくはなかった。ただ、ほかの動物の肉を食べるときとはちがって、何か禁忌《タブー》でもおかしているような印象はぬぐえなかった。

しかし、車座になって肉とご飯をほおばっている誰もが、手長猿に対して一抹の哀れさを感じてはいても、やはり猿もほかの動物と同じように貴重な森の幸だと思っている。ずっとむかしから、狩りの獲物として食されてきたのだ。それに、いまここではこれを食べるしかなく、何よりもわたしたちは空腹だった。

だが、わたしは手長猿の肉を噛みながら、雄猿の黒い手のひらと指の感触がよみがえってくるのを感じた。撃ち落とされる直前まで木々の梢をあざやかに腕渡りし、枝を握りしめていた手。いまや、その手も、かん高い叫びをあげていたのども、緑に染まる樹上の光景を見つづけてきた眼も、森の日々を記憶していた脳も、すべて消えてしまったのだ……。

わたしは半ば朦朧としながら、肉をのみくだした。遠くで、死んだ雄猿の森の仲間たちが長く尾をひく叫びと叫びを交わしていた。

連鎖と循環

それにしても、なぜあのように死んだ手長猿の姿が熱病の幻覚のなかにあらわれたのだろうか。いったい何を問いかけてきたのだろう——。

手長猿の肉を食べてからも、尾の長い灰色の猿ハヌマンラングールや、鹿、熊、猪、野牛、麝香《じゃこう》猫、カワウソ、ヤマアラシ、ムササビなど、ゲリラや村人が狩りの獲物としたいろんな獣の肉を食べた。

ハヌマンラングール、鹿、猪、麝香猫、カワウソ、ムササビは仕留められたあとに、それらの死体を撮影している。写真に写したことに深い意味はない。カチン州の自然の豊かさと、人びとが糧を得ている狩猟の成果を記録しておこうと考えただけである。

広い森におおわれたカチン州では、村人と野生動物の生活圏は接しているというよりも交わっていると言った方がいい。道を歩いていて野生動物と出くわすことはよくあるし、動物が村のすぐそばにまであらわれて、たとえば虎が牛を殺して森に引きずっていったり、山猫が鶏を襲って奪ったりもする。

焼畑にも、いくら木と竹で垣根をめぐらせていても、猪とか猿が農作物を食い荒らしに潜りこんでくる。竹の子やクルミや山イモなど野生の食用植物は、人も動物も取って食べるので、焼畑が不作の年などは人と動物で競争みたいにして取ることにもなる。

人間の方も狩りをしに山深く分け入る。獲物を手にすることもあれば、逆に猪や虎や熊や野牛など大型の野生動物の反撃にあい、鋭い牙や爪や角にやられて大怪我をしたり、ひどいときはいのちを落としたりもする。

人と動物は自然という地つづきの、ひとつらなりの世界のなかで生き死にしているのだ。

この地では、木の実や野草や虫や蟹や魚といった山と森の幸・川の幸を食べて成長した野生動物を、さらに人間たちが取って食べている。

そして人間も、老衰、マラリアなどの病気、狩りや水の事故、戦争などによって死ねば、地中に埋葬され、大地の微生物によって分解されながら腐敗して、無機物と化し、骨だけを残して土壌のなかにとけこんでしまう。ほかの動物と同じように土に還って、いつしか植物の養分となるのである。

植物は土壌のなかから窒素などの無機物を根を通じて吸いあげて生長する。人間の死者や動物の死者がとけこんでいった大地の恵みを受けて、さらに太陽の光や雨のもたらす水分を吸収して、草も木も生い茂り、花を開かせ、実を結ぶ。

そうやって茂った草木の葉と実と根茎と花の芽などを、獣たち鳥たち虫たちが食べて生息し、それらの獣や鳥や虫を人間が取って食する。むろん、人も獣も鳥も虫も死ねば土に還ってゆく。

つまり、人間もあらゆる動植物と同じように自然の食物連鎖、有機物と無機物の物質循環のなかにたしかにふくまれているのである。そのような連鎖・循環のなかで生かされ、生き死にしているのだ。広く豊かな森は、いわばそうした連鎖・循環を体現するものであり、その象徴でもある。

ところが、この地に暮らす人たちとはちがって、旅をするわたしはいずれは立ち去ってゆく身であった。この地に骨を埋める境遇ではないし、骨を埋めようという気持ちを持っていたわけでもなかった。

大病をわずらうか戦闘に巻きこまれるか山や川で遭難するかして、はからずもいのちを落とすことにでもならないかぎり、この地にある自然の食物連鎖、有機物と無機物の物質循環のなかにふくまれることはないのだった。

それなのに、わたしは動物たちの肉を何度も食べた。しかも、舌はうまいと感じ、胃袋は満たされて喜びをおぼえ、腹の底から体全体へと伝わる滋養の温もりも味わった。そのうえに、死して肉となった動物たちの姿も写真に写しとった。

野生動物という、いわば森にはぐくまれた生命の「果実」を、ある意味で自然に対してきちんと返礼もせずにただ消費しただけなのではなかったか……。

森の熱の証し

あの黒い雄の手長猿を食べてからも旅をつづけ、季節は乾季から雨季へと移り、カチン州北部の山岳地帯にある村々を訪ね歩くうちに、疲労が積もって体を蝕《むしば》み、わたしはマラリアにかかった。特効薬であるキニーネの錠剤を飲んで、一度はすぐによくなったが、一〇月半ばに雨季が明け、乾季に入ってからはくりかえし発病した。

マラリアはまず背中がぞくぞくして、吐き気をともなう悪寒に襲われる。やがて、体の内に氷の塊を埋めこまれたような激しい寒気で体中がふるえる。歯の根が合わずカチカチと鳴る。腰や背中や頭に痛みが走る。四〇度以上の熱に苦しめられ、食欲もなくなり、嘔吐する。ありったけの服を着こみ、囲炉裏のそばで寝袋や毛布にくるまって、嵐が去るまでじっと耐えるしかない。

マラリアの病原体は、微生物の一種であるアメーバのマラリア原虫だ。ハマダラ蚊が媒介し、血を吸ったときに人の血液中に入って肝臓の細胞に侵入する。さらに赤血球に寄生して血液中をめぐり、増殖して赤血球を破壊する。このとき悪寒と高熱の発作が起こる。

三日熱、四日熱、熱帯熱、卵型の四種類あるなかで、熱帯熱マラリアが最も悪性だ。いったん熱がひいても、マラリア原虫は肝臓の細胞や血液中にひそんでいて、人が体調をくずし抵抗力が弱まると、ふたたび増殖して発病にいたらしめる。

この熱帯熱マラリアにわたしはとりつかれ、一九八七年の正月早々、またしても病の暗い影におおわれ、それから二ヵ月以上寝たきりの重態におちいった。そして、狂気のような流血と死の光景の幻覚に苛《さいな》まれることになったのである。

幾夜も高熱にうなされながら、マラリアは「森の熱」なのだという思いにとらわれた。はるかなむかしから、人間以外の哺乳類や鳥類や爬虫類もマラリアにかかってきたという。それぞれの動物に、それぞれの種類のマラリア原虫が寄生しているのだ。最初はハマダラ蚊に寄生する微生物だったマラリア原虫が、蚊の体内だけでなく、脊椎動物の体内にも寄生して生殖と発育のサイクルをいとなむように進化したためらしい。マラリア原虫は宿主の生死にそって自らも生き死にしてきたのである。

霊長類にも、マラリア原虫はとりついた。猿たちは太古より森で暮らし、森の恵みにはぐくまれてきた。その生と死は自然のなかの食物連鎖、有機物と無機物の物質循環にふくまれている。だから、無数の微生物が体内に寄生し、たとえばマラリア原虫によって病を引き起こされ、時には死にいたらしめられる宿命を負っている。それは、まさに森に生きていることの証しでもあるのだ。

人類の祖先である猿人や原人もマラリアに苦しめられたにちがいない。そして、人間もマラリア原虫との関わりを引き継がざるをえなかった。熱が沸き立つ頭のなかに、森や野や洞穴で氷の悪寒にふるえていただろう遠い遠い祖先たちの影がゆらめく。マラリア原虫が荒れ狂う血のなかに、原始の森の闇をはらむ病の記憶がよみがえってくるようだ。

その病は、たしかに「森の熱」と呼ぶにふさわしい。

カチン州では、マラリアにかかったことのない人は稀である。老人や子供をはじめとして、毎年、この病でいのちを失う人は後を絶たない。伝統的な精霊信仰においては、マラリアにかかるのは森の精霊がとりついて災いをもたらしているからだと信じられている。

森の一細胞として

わたしは意識不明になって、死に限りなく近づいた。しかし幸いにも、神がかり状態になって山刀から太陽の精霊にさずかった水を滴らせ、悪霊を退散させる、精霊信仰のシャーマンの祈祷によっていのちを救われた。

病がようやく癒えて、中国雲南省との国境地帯にまで南下したが、八七年五月、ビルマ政府軍の大攻勢が始まった。空爆と砲撃をともなう猛攻を受けて、カチン独立軍の総司令部は陥落した。わたしは各地に散らばったゲリラ部隊とともに、山々のふところにひそんで雨季を越さざるをえなかった。

竹と灌木で小屋掛けし、野生バナナの葉やヤシ科の木の葉で屋根を葺いて、激しい雨を避けた。降りつづく雨に封印されたような森の、群がり生えた竹やぶの暗がり、厚い苔におおわれた岩かげ、朽ちた倒木の折り重なる窪みなどには、熱病を引き起こすという密林の瘴気《しょうき》が立ちこめていた。

野営が長びくにつれて、またもや何度もマラリアにかかった。凍りつく悪寒に切りさいなまれ、全身を熱に灼かれて、嘔吐をくりかえした。マラリア原虫が血と細胞のなかで跳梁していた。わたしの体の細胞にマラリア原虫が棲みつき、さらにわたしは巨大な生命体である森の一細胞として「森の熱」を病んでいるのだった。

病んで過敏になった心の内に、小屋をとりまく植物の緑の波が押し寄せる。また、自分の意識が外にあふれだして、草むらや木立の奥に吸いこまれてゆきそうな目まいをおぼえる。竹の寝台に横たわったまま、草の蔓や木の根に巻きつかれ、吸い尽くされてしまうのではないかという恐れにとらわれる。

「森の熱」の精のようなマラリア原虫が、わたしの赤血球を、血を喰っているのだ。「森の熱」に、いや森そのものに、わたしは食べられようとしているのかもしれない。もしもこのまま死んだら、湿った土の下に葬られ、いつしか微生物に喰われて土に還り、植物の養分と化すだろう。

う。この地に生きる人間たちや動物たちと同じように、自然の食物連鎖、無機物と有機物の物質循環にとけこんで。

そうか、熱病の幻覚の血の海から浮かびあがった手長猿の死体は、まさにこのことを暗示していたのか……。地上に生き、そして死んでゆくすべての生命は、この循環にふくまれていること。そこから生まれ、そこに還ってゆくこと。気づくと気づかざるとにかかわらず、そこに根を通じていることを、死んで食べられたあの手長猿は自らの血と肉をもって教えてくれたのだ。

そして、「森の熱」がその事実をわたしに思い知らせてくれた……。

明るい眼

こうして、自分にとっての世界観・生命観・死生観の根本的な転回と新たな目覚めを、わが身わが胸に感じ受けることができたのも、考えてみれば、消える寸前であったいのちが救われたからこそだった。

いのちを救ってくれたのは、モクー・ノー君（タイ国境からずっと同行して取材を手助けしてくれた若い兵士）はじめ、病床のわたしを昼夜たゆまずひたむきに看病し、治療してくれたカチン独立軍のゲリラたち、薬草などの民間薬を持って見舞いにきてくれた村人たちであり、そして、瀕死の瀬戸際に駆けつけてくれ、太陽の精霊の水をさずかる祈祷によってわたしの最後の自然治癒力を呼びさまし、一命を取りとめさせてくれた、精霊信仰のシャーマンである。

そのシャーマンはワ・ダンさんという四十代後半の男性で、カチン州北部山地のンブー・カン村に住んでいた。ふだんはほかの村人と同じように焼畑で農作物を育てているが、病気にかかった人やその家族から祈祷を頼まれると訪ねていって、神降ろしをして祖霊を自らに乗り移らせ、神がかり状態つまりトランス（宗教的な忘我状態）に入って、病人の回復を祈り願う祈祷をおこなうのである。

シャーマンのことをカチン語ではミートェイ（明るい眼）と呼び、伝統的に男性がなっている。ミートェイに乗り移るのは祖霊のなかでも、殺害されたり、溺死や転落死したりした、つまり不慮の死をとげた者の霊である。

しかも、この世に怨みを残して死んだ者の浮かばれぬ霊こそが、ミートェイ・ナット（シャーマンの精霊）と呼ばれ、子孫の守護精霊となって、豊作、子孫繁栄、無病息災、病気平癒などの祈願に応えるのだという。

ワ・ダンさんが神がかり状態になり、わたしにとりついていたという悪霊を追いはらい、太陽の精霊からさずかったとされる不思議な水を、山刀の先から滴らせてわたしに飲ませ、いのちを救ってくれたのは、一九八七年二月のある夜だった。そのとき、わたしは意識不明におちいっていたので、朦朧とした目の端にワ・ダンさんの姿を一瞬とらえただけだった。

しかし、その半年前にわたしはワ・ダンさんと一度会っており、彼が神がかり状態になって祈祷する場面にも立ち会っていた。

シャーマン

ワ・ダンさんはカチン人としては背が高く、一七〇センチ以上はあり、ゆったりした物腰で、初めて会ったのになぜか見覚えがあるようななつかしさを感じさせる、かざりけのない人物だった。

「遠い国からこんな山深い土地に、よく歩いてこられましたね。いままで会うはずもなかろうと思っていた国の人と、こうして会えてうれしいですよ」と、彼はもの静かな口調ながら、率直な語り方をした。

そこはカチン独立軍第七大隊の本部にある竹づくりの兵舎で、ワ・ダンさんは、戦闘で負った傷が治りきらない兵士らのために祈祷する用事で訪ねてきていた。

「どうして、わたしに精霊が乗り移るようになったのかはわかりません。はじめのころは、突然、精霊がわたしのなかに入ってきて、体ががくがくふるえだし、ひきつけを起こして気を失っていました。しかしやがて、ふるえながら籐円椅子にすわると、精霊の声がわたしの口を通って出てくるようになったんです」

ワ・ダンさんに乗り移るのは、彼がその血筋を引くカシュー・カシャー氏族の祖霊「三人」である。なかでも中心になるのは、精霊名をニンサン・バナン・ルム・ジャー、生前の名をカシャー・マリカ・ガムといい、ワ・ダンさんから直系ではないが七代前の先祖にあたるという。伝説によれば、カシャー・マリカ・ガムは私生児だったが、長じて賢く勇敢な男となった。しかし、その力量をねたみ恐れたカシャー氏族の他家の男たちに謀られて、殺されてしまったのだという。過去、何人ものミートェイに憑依《ひょうい》してきたが、二〇年ほど前からワ・ダンさんに乗り移るようになった。

「それから長年のうちに、自分の方から精霊を招き寄せられるようになりました。ニンサン・バナン・ルム・ジャーは、目には見えませんが、いつも影のように寄り添っています。いまは表の方にいるみたいですね」

その言葉を聞いて、わたしは半信半疑だったが思わず戸口の外を見た。ぬかるんだ広場に午前の日の光が照り映え、草むらが風にそよいでいるだけだった。しかし、どこかに不可視の精霊がたたずんでいるのだろうか……。

昼すぎ、ワ・ダンさんはゆらりと腰をあげ、土間にしいた竹むしろの上に裸足で立った。手のひらをこすっては合わせ、こすっては合わせる仕ぐさをくりかえす。「ハーッ、ハーッ」と押し殺した気合いのような息を手に吹きかけながら、「ニンサン・バナン・ルム・ジャーよ、ニンサン・バナン・ルム・ジャーよ」と張りのある底深い声で呼びかける。

神降ろしの仕ぐさと気合いと呼び声は早まり、熱をおびてゆく。宙の一点を見すえた目が虚ろに光りだす。ゲリラ兵士たちもわたしも息をこらして、ワ・ダンさんを見つめる。

呼びかけを始めてから数分後、体が小きざみにふるえだし、やがて波うつようなふるえが押し寄せる。籐円椅子に腰をおろし、膝をそろえ、つま先だったまま拍子をとるように両足を異様な速さで縦にゆする。くいしばった歯のすきまから息と抑揚のきいた声がほとばしる。張り裂けそうな両の眼は白目をむき、眼球が上に吊りあがっている。ひたいに汗が浮き、上体が硬直したように反る。

「わしはニンサン・バナン・ルム・ジャーだ」

くぐもった声音がワダンさんの口の端からもれた。シャーマンの精霊が乗り移ったのだ。水や酒の入ったコップがさし出されると、ひと口ふくんだだけで、あとは後方にくりかえしぶちまける。

迫撃砲弾の破片が太腿に残ったままで時おり痛むという兵士が、ワ・ダンさんの斜め前にしゃがみ、「御先祖さま、ぜひ今日もまた加持祈祷をよろしくお願いします」と語りかける。「わかっておる、わかっておる」と、ワ・ダンさんの口を通じて精霊が答える。

しばらくして、ワ・ダンさんは山刀のつけねを指ではさみ、ひじを曲げて刀身を後ろに寝かせた。太陽の精霊に水をさずけたまえと願う呪文が、のどの奥からしぼり出される。全身のふるえが速まる。気のせいか刃が湿ったような鈍い光を放つのが見えた。

ワ・ダンさんは素早くコップをつかみ、刀身をさっと前に傾けた。不思議にも澄んだ水がわずかにひと筋、刃の先から滴り落ちた。コップをおしいただいた兵士は、ありがたそうに飲みほした。わたしは目を疑ったが、決して幻でも手品でもなかった。

「それでは、いったん太陽の精霊の国へもどるぞ。さらばだ」という言葉を発した直後、ワ・ダンさんははじかれたように立ちあがり、後ろに倒れこんだ。兵士が背後で抱きとめた。こうして憑霊は終わった。

汗びっしょりのワ・ダンさんはぐったりとしていた。文字通り憑きものが落ちたように、土気色になった頬がこけ、目の下も落ちくぼんだ感じがした。憑霊の余波にたゆたっているように見えた。

「精霊が乗り移っているあいだのことは何もおぼえていません。ミートェイは精霊の乗り物なんですよ。でも、わたしたちウンポン（カチン人）のミートェイは、古くから精霊と人間の仲をとりもってきました。精霊はミートェイを通じて幸をもたらすことができます。わたしに乗り移っている精霊も、前はほかの人に乗り移っていたし、わたしの時代が終わったら、また誰かに乗り移るでしょうね」

憑霊経験二〇年のワ・ダンさんは、手だれのシャーマンだ。しかも、「太陽の水」をもたらすことができるのは彼ひとりで、その霊験によって多大な声望と畏敬を受けている。わたしの印象では、彼は単なる精霊の乗り物ではなく、むしろパートナーといえる。

憑霊を重ねるうちに、無意識の底に精霊の影がきざまれてしまったにちがいない。そうだ、精霊が彼の内部に棲みついているのかもしれない。同行二人という言葉が思い浮かぶ。精霊がワ・ダンさんの影法師なのか、それともワ・ダンさんが精霊の影法師なのか……。

「ンブー・カン村に来たら、ぜひうちに泊まってください。そうそう、いい虎の牙を探してみましょう。もしあったら、さしあげますよ。強いお護りになりますからね。あなたのように遠い旅をする人には必要なものです」

ワ・ダンさんは、憑霊が始まる前、わたしが彼の山刀の籐の鞘ひもに付けられた虎の牙飾りを珍しがったことをおぼえていてくれたのだ。

竹編み寝台の端にすわり、両手を膝の上にそろえて、ワ・ダンさんは微笑んでいた。常人には見えぬ世界をはからずも見ることになってしまった男の眼は、いまだ虚空を漂い、瞳の底を古の闇に沈もうとする影がよぎって消えた。

共感共苦の心

わたしはあのとき、山刀の先から滴った水はどこから来たのか聞いてみたかったが、無駄な問いだとすぐに思い直して、やめたのだった。人間界と精霊界を、この世とあの世を自らの心身で直接的に媒介するシャーマンへの、畏敬の念を人びとが確かに抱き、「太陽の水」が心から信じられている以上、詮索しても仕方ないように思えた。

ただ後に、わたし自身が「太陽の水」を飲ませてもらい、それがきっかけで死の病からかろうじてのがれることができた体験から考えるに、その水がどこから来たのかいくら推理しても答えは出ないが、ひとつの仮説なら立てられる。

ワ・ダンさんが神がかり状態になるときは、部屋の囲炉裏や土間では薪が燃やされていて、彼は体をふるわせながらコップや竹筒の水を竹むしろの上に何度もぶちまけていた。もしかしたら、部屋の中には水蒸気が漂い、それが山刀の先に鉄が汗ばむように凝結し、水滴が生じたのかもしれない。

ともあれ、その水が、生命の源である水が病めるわたしの内部に流れこみ、最後の自然治癒力を呼びさましてくれたのかもしれなかった。

だが、それにも増して、多くの人たちがわたしを案じて手厚く看病し、回復を祈ってくれ、さらにワ・ダンさんが来て精霊とともに力を合わせてくれ、癒しの場と時が生みだされたおかげで、わたしの尽きかけたいのちが励まされ、奮い起こされたことが重要な意味を持っていると思えた。

ワ・ダンさんの憑霊に立ち会ったときのことも合わせてふりかえってみると、シャーマンの果たす役割とは、一時的にその場において病者の病を共に病み、そして共に回復していく一種のドラマを演じることではないだろうか。

ワ・ダンさんは神がかり状態になったとき、全身を激しくふるわせ、いわば意識不明のようになって、うめき声にも似た声音を発し、汗をびっしょりかき、憑霊が終わるとぐったりして放心状態になる。

それは、ちょうどマラリアにかかったとき氷の悪寒に体をふるわせ、高熱にうなされ意識が朦朧とし、寝汗が流れ、熱が去ると憑きものが落ちたような虚脱感におおわれるのとそっくりである。あたかも病人の苦しみを自らにも引き受け、分かち合っているかのようだ。

シャーマンの祈祷の本質は病み傷ついた者への共感共苦であり、病で体調をくずし生命のリズムが失調して危機におちいった者の身に自らもなってみることで、苦しみ痛みを共有し、そこから本来の生命のリズムへと共に復帰しようとする象徴的な行為なのではあるまいか。

そのためには、シャーマンには他者の痛苦に感応する人並みはずれた感受性が必要とされるだろう。シャーマンは世界各地にいて、神がかり状態になり祈祷などの行為をおこなっているが、男性であれ女性であれ、過去に大病をわずらったり、心のバランスをくずして苦悩したり、といった体験を経ている場合が少なくないという。シャーマン自身が心身の苦しみを経験してくることで、他者の苦しみ痛みへの感受性がつちかわれるのかもしれない。

ワ・ダンさん本人もマラリアを病んで苦しんだ体験を持っている。以前、七日七晩眠りっぱなしで身じろぎもせず、死んでしまったのでないかと周りを心配させたが、彼の魂はその間、守護精霊の力を借りて天上の雷の精霊や太陽の精霊の国を訪ねていたといい、魂が無事に帰ってくると元気に起きあがってみせたそうだ。また、神がかりしていないときもワ・ダンさんの表情や言葉や語り口や物腰からは、他者の気持ちにできるだけ寄り添おうとする気づかいとさりげないやさしさが感じられた。

こうしたシャーマンのはたらきかけによる生命のドラマが、病人の回復を祈り願う人たちも見守っている場で起きることを通して、病める者の生命力が、いのちが奮い起こされるのかもしれない。

しかも、精霊が乗り移っているということは、シャーマンの精霊つまり祖霊もまた同じように病者の苦を分かち合い、その病の苦しみから共に救われるドラマに参加していることになる。

精霊信仰の考えでは、死者の魂はそれぞれの氏族の発祥の地の裏山の奥にあるあの世におもむいて、祖霊の一員になるという。いわゆる山中他界観である。元の村で祭りや焼畑の儀礼などがおこなわれると、祖霊はグムグン・ナット(守護精霊)として里に招かれて祀られる。牛や水牛などの肉と強飯と酒と塩などが供えられ、村人は祖先に豊作や子宝に恵まれることなどを祈願し、祖霊は子孫に豊穣をさずけるのである。

この地の人びとの世界観・宇宙観においては、この世とあの世、すなわち現世と他界は地つづきである。祖霊となった死者たちは生者の世界を見守り、請われれば幸をもたらす。祭りも儀礼も神がかりしたシャーマンによる祈祷も、祀り祀られる関係性を通じて生者と死者が交わる場ともなっている。

このような場においてはじめて、シャーマンと精霊が力を合わせて病者への共感共苦と、危機にあるいのちへの励ましを表してくれるのではなかろうか。もちろん、それで病が癒えて助かる場合もあれば、癒えることなく助からぬままの場合もあるだろうが……。

乳を根を共にする

わたしは、「乳を共にする《チュ・ルム・アイ》」というカチン語の言葉を思い起こす。直接的には、同じ母親のおっぱいから乳を吸って成長した兄弟姉妹の間柄を示す言葉だ。

しかし、ふつうはもっと広い意味で、互いに遠い先祖を同じくする氏族の一員であることを表し、さらにはカチン人のなかの七つの言語集団、ジンポー、マルー、ラシー、アヅィー、ヌン、ラワン、リスーの祖先が、シィポン・ヨーと太陽の精霊の娘ジャー・コンという父母の子供にあたる七人兄弟であり、後に枝分かれしたという神話から、カチン人全体が「乳を共にする」同胞なのだという意味合いで使われる。

この言葉を最もしみじみとした思いで聞いたのは、カチン州北部山地の一角、オムタ村の焼畑の出作り小屋に土地の古老ンガン・タンさんを訪ねた折である。彼はおおどかな笑みをたたえながら、かんでふくめるような口ぶりで語った。

「乳を共にする、という言葉の意味はもう知っとるだろうが、もっともっとさかのぼって、人も獣も鳥や虫や魚も草や木も生き物はみんな、天地を初めに生み出したニンゴン・チュヌンとプンガム・ウォエシュンという神々から次々に生まれて、この世界中にひろがり増えていったのじゃから、乳を共にする、と感じてもいいんだよ。この言葉には、それくらい大きな意味がこめられているというわけなんだな……」

わたしはンガン・タンさんの話を聞いて、なぜか心が広々とゆったりとしていくような気がした。それは、「乳を共にする」という言葉を単に家族や氏族や民族といった枠組みのなかだけでとらえない、開かれた感受性に出会えたからだろう。

老人は、人間どうしはもちろん、この世界に生きているものはみんな生命の源を、根っこを共にしている、分かち合っている、ということを伝えたいのだ。

また、話を聞いた場所が焼畑の真ん中にある竹づくりの小屋で、時あたかも雨季が終わりに近づき焼畑の稲も熟れだして、早稲なら刈り入れも始まったころだったという点も、老人の語らんとする意味を肌で感じるにふさわしかったといえる。

焼畑では、陸稲、アワ、トウモロコシ、ダイズ、アズキ、カボチャ、トウガン、サトイモ、トウガラシ、ショウガなどいろんな農作物が伸びて茂り、ひしめき合っていた。葉をひろげ、花を咲かせ、実を結ぼうとしているし、すでに実ったものもある。作物のほかに雑草も生えている。

それら植物たちは思い思いの姿かたちをしているが、みんな同じ土に根ざしている。大地の養分をめぐってせめぎ合いつつも、土や雨や日の光と熱や風といった自然の恵みを同じように受けながら、ある調和を保って共にあるがままに、焼畑という場で生きている。

生命のリズムを、根っこを共にしているのだ。その様にふれると、「乳を共にする」とはこういうことなのかとわかってくるし、「いのちの根を共にする」「生命の根のリズムを共にする」と言いかえてもいいのだと知る。

根源においてつながる

さらに、カチン人が語り伝えてきた神話に登場する、「すべての生き物の母なる木」のことが思い起こされる。

それはマトゥム・プンヌーと呼ばれる巨樹で、はるかなむかし、この地上にまだ生き物がいなかったころ、太陽や月や大地や川などを次々に生んだニンゴン・チュヌンとプンガム・ウォエシュンという雌雄一対の創世神（巨大な蛇の姿に似ていたともいう）が、イラワジ河の源の高い山に産み落としたといわれる。

その木はさまざまな色とかたちをした葉と実を無数につけ、やがて、木の実からはすべての種類の植物が、葉からはすべての種類の鳥が、樹皮からは鳥以外のすべての種類の動物と虫と人間が生まれていったそうだ。そして、鳥たちが実をついばんでは遠くまで運び、大地に種が落とされ、世界中にいろんな草や木が生えるようになったのだという。つまり、マトゥム・プンヌーはすべての生き物の「母」なのである。

神話の巨樹マトゥム・プンヌーはカチンの人びとの心のなかに息づいている。わたしにとっても、神話の内容はあながち荒唐無稽《こうとうむけい》だとは思えない。地球上の生物はすべて、太古の海に発生した最初の生命である一種の微生物を共通の祖先として、三〇億年以上かけて無数に枝分かれしながら進化してきた。つまり、動物も植物も元は起源を同じくしているのだ。

だから、すべての生き物、すべての生命の母なる大樹マトゥム・プンヌーは、地球上の最初の生命の象徴として、豊かなイメージを喚起する。壮大な進化の系統樹を連想させる。むかしむかしは、みんなひとつだった、木も人も草も鳥も虫も獣も魚も、根源においてはつながっている、いのちの根を共にしている、という神話の真実が肌で感じられてくる。

マトゥム・プンヌーをこの目で見たことのある人はもちろんいない。だが、マトゥム・プンヌーとはたぶんこんな木だろうと思わせる大木を見たという話は、何人かの老人から聞いた。イラワジ河の支流チャイ川の源の山に生えるその木の枝々には、三〇種類以上ものいろんなかたちをした葉が茂っているそうだ。

とても不思議で、かたちのちがう多くの葉からは後にそれぞれ別の種類の樹木が生じたのではないか、だからその木はさまざまな樹木の母なる大樹なのではないか、と思わずにはいられないという。

おそらく、その木の枝には蘭やヤドリギやオオタニワタリやシャクナゲなど多くの着生植物が根づき、籐などの太い蔓《つる》や蔦葛《つたかずら》もからみついているのだろう。こうした植物はいわば大木を母として育つのである。たとえば屋久島の杉の巨木にも、二〇種類以上の着生植物が見られるらしい。

着生植物は大木から養分をもらいながらそれぞれ生きており、「乳を共にしている」といえる。そして、大木といろんな着生植物もまた、同じように大地や日光や雨などから自然の恵みを受けているので、「乳を共にしている」わけだ。「いのちの根を共にする」と言ってもいい。

ワ・ダンさんが身をもって示した、シャーマンの祈祷の本質である病める人への共感共苦も、きっと「いのちの根を共にする」という他者への開かれた感受性・感覚に基づいたものであるにちがいない。

そして、わたしに最も欠けていたものが、この他者への開かれた感受性・感覚だったのだろう。もしも「いのちの根を共にする」という感受性・感覚、そして想像力があったなら、戦死した政府軍兵士への悼みの念も持つことができて、マラリアの熱病の底で死と流血の光景の幻覚を見ることもなかったかもしれない。

しかし、眼にきざまれたあの幻覚を見たおかげで、「いのちの根を共にする」という他者への開かれた感受性・感覚・想像力のたいせつさに気づくことができたのだともいえる。

むろん、他者への開かれた感受性・感覚・想像力を持つことの難しさに変わりはない。どのようにすればそれが可能なのか、わたし自身いまも考えつづけている。

死者と生者の交わる場、「根の国」、そしていのちの根をたずねる旅の入口はわが足もとにあり、わが胸の内にある。

あとがき

本書は、月刊『望星』（東海教育研究所）一九九七年四月号〜九九年三月号に連載した、「根の国への旅」に加筆修正したものです。先に出版した、『森の回廊』と『宇宙樹の森』とともに、北ビルマ辺境紀行のいわば三部作をなすようなかたちになります。

北ビルマの地で出会った多くの人たち、草木虫魚鳥獣たち、生者であれ死者であれ、かれらからわたしはさまざまなこと、たいせつなことを教えられました。それが本書のなかに活かされていれば幸いです。わたしとしては、お盆の迎え火と送り火を灯すような気持ちで書きました。

カチン州への旅で行を共にし協力をしてくれたモクー・ノー君やゾー・トゥー大尉をはじめ、計り知れないほどのお世話になった諸民族の人たちに、心から感謝を捧げます。また、ムニョ君やチャンダー君はじめ北ビルマの地で土に還っていった方々のご冥福を祈ります。

シャン州のパオ人の村をいっしょに訪れ、自然のなかで生き死にする人びとの心の根にふれてゆくことの意味を身をもって教えてくれ、さらにカチン州への旅を支援してくださった田中俊三さん、シャン州の解放区へと導いてくださった竹田遼さん、いっしょに初めてシャン州を訪ねた佐藤晴弘さん、タイで長年にわたりお世話してくださった椿繁さんと弟さんの椿正実さんとご両親の椿賢志さんとラリダー・スマークンさん、和気良文さんと愛子さん、『望星』での連載の機会をつくってくださった岡村隆さん、長年のアドバイスとともに本書の刊行にお力添えしてくださった「めこん」の桑原晨さん、ここにお名前をあげることができませんでしたが、常日頃から励ましてくださった諸先輩や友人など多くの方々に、心から感謝を捧げます。

三たびカチン語で「グライ・チェジュ・カバ・サイ」。本当にありがとうございました。

二〇〇〇年一月六日

吉田敏浩

参考文献

『竹帛の譜』田中俊三（私家版　一九九八年）
『黄金の三角地帯』竹田遼（めこん　一九七七年）
PA- OH PEOPLE, Mika Rolly（Pa- oh National Organization）

国名について

一九八九年六月、国名が「ミャンマー連邦」に変えられた。「ミャンマー」とはビルマ民族名のビルマ語文語読みで、従来は口語読みの「バマー」が使われていた。

軍事政権は「ミャンマー」にビルマ人以外の諸民族を同化する政治的意図もこめている。実際、民族名や州名や地名もビルマ語文語読みに変えられつつある。また、国民の総意に基づく変更ではなく、民主的な手続きも経ていない。

これらの理由から、「ミャンマー」という国名は、民主化をのぞむ国民に受け入れられたとは考えられず、軍事政権に反対する人びとは使っていない。各国のビルマ研究者やジャーナリストのあいだでも、「ミャンマー」と表現しないことが多い。

以上の理由から、本書でも「ミャンマー」ではなく従来の「ビルマ」を国名として使うことにする。地名や州名なども取材当時のままとした。

吉田敏浩（よしだ・としひろ）

一九五七年、大分県臼杵市生まれ。一九八一年、明治大学文学部卒業。フリー・ジャーナリスト。現在、フリーのジャーナリスト集団「アジアプレス・インターナショナル」の一員。

一九七七年にビルマのシャン州を訪れて以来、ビルマ、タイ、アフガニスタン、インド、バングラデシュなどアジアの多様な民族世界を訪ねる。

一九八五年三月から八八年一〇月まで、ビルマ北部のカチン州とシャン州を長期取材する。その記録をまとめた『森の回廊』（ＮＨＫ出版）で、九六年に第二七回・大宅壮一ノンフィクション賞を受賞。

著書に『宇宙樹の森』（現代書館）、共著に『アジア大道曼陀羅』（現代書館）、『世界の民・光と影』（明石書店）などがある。

北ビルマ、いのちの根をたずねて

初版印刷　2000年3月22日
第1刷発行　2000年4月14日

定価　2200円＋税

著者　吉田敏浩
装丁　菊地信義
発行者　桑原晨

発行　株式会社めこん
東京都文京区本郷3－7－1　電話03－3815－1688
e－mail:mekong@msn.com
印刷　平河工業社　　製本　三水舎

0030－0002133－8347
ISBN4－8396－0135－6　C0030　Y2500E

ブラザー・エネミー　サイゴン陥落後のインドシナ
ナヤン・チャンダ　友田錫・滝上広水訳
定価四五〇〇円＋税

一九七五年のベトナム戦争終結後のインドシナ情勢を豊富な現地取材と卓越した分析力で活写したノンフィクション。ベトナムとカンボジアの骨肉の争い、米中ソのかけひき…息もつかせぬ迫力。

タイ・インサイドレポート　「成長神話」の夢と裏切り
プラウィット・ロチャナプルック　永井浩訳
定価一八〇〇円＋税

「ネーション」紙の記者がタイ社会の真相に迫る。農民、スラムの住民、キャリアウーマン、学生、住民運動リーダー、政治家、元共産党ゲリラ…様々な階層のタイ人を通じて見えてきたものとは…？

カンボジア・僕の戦場日記
後藤勝
定価二五〇〇円＋税

一九九七、九八年、ラナリット派とフン・セン派の内戦にまたしても多くの血が流れた。砲弾の炸裂する最前線で、死の恐怖に震えながら、兵士たちの素顔に迫った五九点の写真と従軍日記。

チャンパ——歴史・末裔・建築
桃木至朗・樋口英夫・重枝豊
定価二八〇〇円＋税

東南アジアの歴史で非常に重要な役割を果たしながら実態の知られていない王国チャンパ。気鋭の歴史学者と建築学者、報道カメラマンによる意欲的な試論と貴重な写真で、実像が浮かび上がってくる。